Günther Körner

Einsatz des Selbstschutzes in Oberschlesien 1921

Bilddokumentation

Laumann-Verlag
Dülmen

Postfach 14 61 · D-48235 Dülmen/Westf.

Gesamtherstellung:
Laumann Druck & Verlag GmbH & Co. KG,
48249 Dülmen
Telefon 02594/94 34-0
Telefax 02594/94 34-70
info@laumann-verlag.de

ISBN 978-3-89960-408-5

Internet-shop: www.laumann-verlag.de

Inhalt

Einleitung

Die nachfolgenden Bilder und Ausführungen stammen von dem in Kottbus (Niederlausitz) am 14. Februar 1920 geborenen, zuletzt als Leitender Regierungsdirektor tätigen Günther Körner, der am 21. Januar 1979 in Aachen leider zu früh verstorben ist. Sie sind das Ergebnis seiner sich über viele Jahre erstreckenden Sammler-Tätigkeit. Er hat die in zwei Aktenbänden zusammengefaßte Arbeit noch kurz vor seinem Tode der »Stiftung Haus Oberschlesien« vorgelegt. Diese hat nach Prüfung des Inhaltes beschlossen, die – wie wir meinen – einmalige und weitgehend umfassende Zusammenstellung von Bildern, Befehlen und Veröffentlichungen über den Einsatz des deutschen Selbstschutzes in Oberschlesien im Jahre 1921 als Dokumentation 60 Jahre nach den geschilderten Ereignissen als Buch in Druck zu geben. Auf diese Weise soll sein Inhalt besser erhalten und Interessenten zum Studium der Geschichte des in den Jahren nach dem 1. Weltkrieg besonders leidgeplagten und umstrittenen Oberschlesien zur Verfügung stehen.

Das Buch, dessen Bilder gelegentlich auch schockierend wirken mögen, soll zugleich der »Aufarbeitung« unserer deutschen Geschichte der Neuzeit dienen und ein Baustein sein für die Bewältigung der deutsch-polnischen Vergangenheit im Sinne einer Aussöhnung beider Völker auf der Grundlage einer klaren Sicht geschichtlicher Ereignisse.

Stiftung Haus Oberschlesien
im Frühjahr 1981

Vorwort

Niemals in der neueren deutschen Militärgeschichte ist ein Freiwilligenheer unter schwierigeren Umständen zum Einsatz gekommen. Schon die Bewaffnung, Ausstattung, Verpflegung und notdürftige Bekleidung aus dem entwaffneten Reich unter den Augen der alliierten Kommissionen stellte die Oberleitung des Selbstschutzes vor kaum lösbare Aufgaben. Die Besetzung dieser Oberleitung mußte aus militärischen und politischen Gründen zwischen Reichs-, preußischer Regierung und Reichswehrministerium einerseits und den Wehrorganisationen andererseits »ausgehandelt« werden. Die Reichsregierung mußte aus außenpolitischen Gründen jede Verbindung mit dem Selbstschutz ableugnen, unter dem Druck der Alliierten sogar die Bildung von Freiwilligenverbänden verbieten und die Grenze des Abstimmungsgebietes durch Polizeiformationen sperren lassen.

Schon bei der Aufstellung und dem Antransport der Verbände galt es vielerlei Hemmnisse zu überwinden. Abgesehen davon, daß im ganzen Reich, insbesondere in Sachsen und Thüringen, bewaffnete Kontrollen den Transport von Gruppen oder einzeln reisenden Freiwilligen zu unterbinden suchten, lehnten auch rechtsgerichtete Kräfte aus mannigfachen Gründen den Einsatz in Oberschlesien ab. Innsbrucker Korporationen bedauerten unter Hinweis auf bevorstehende Stiftungsfeste, nicht teilnehmen zu können. Die Freiwilligen Fürst Starhemberg und Leutnant Lembert vom Freikorps Oberland haben unabhängig voneinander bezeugt, daß die schon damals in Bayern einflußreichen Führer der Nationalsozialisten von einem Einsatz in Oberschlesien dringend abrieten. Der damalige Batteriechef und spätere Generalfeldmarschall Schörner war nur mit Mühe zu bewegen, die für das Korps Oberland bestimmten Geschütze zu verladen.

Der Wegfall jeglicher Militärgerichtsbarkeit, aber auch die

Zusammensetzung des Selbstschutzes erschwerte jede Führung, vor allem in taktischer Hinsicht, machte sie in schwerwiegenden Fällen sogar unmöglich. Im übrigen begünstigte er auch den Verrat, dem in Einzelfällen durch »Femeurteile« entgegengetreten wurde. Nicht wenige Hochstapler, die aber bald entlarvt wurden, versuchten Führungspositionen einzunehmen, schlesische Städte waren bestrebt, ihre Arbeitslosen als »Freiwillige« loszuwerden. Führer von Kampfverbänden, hervorragende Soldaten, setzten ihre naturgemäß oft begrenzte Einsicht und Übersicht den Weisungen der Oberleitung oder der Gruppenführer entgegen. Hemmend war auch die Zusammensetzung von Verbänden aus studentischen Korporationen oder Offizierskompanien, deren Freiwillige – meist Reserveoffiziere – als Individualisten manchen militärrischen Notwendigkeiten (z. B. der Forderung nach unbedingtem Gehorsam) gegenüber verständnislos handelten.

Auch die Antriebskräfte für den Einsatz im Selbstschutz waren nicht einheitlich. Die Oberleitung – obwohl innerlich auf der Seite der Kampfformationen – mußte nach außen strikt den Gedanken der reinen Verteidigung vertreten, während die Elitetruppen zum Angriff auf das unmittelbare Industriegebiet drängten, um die dortigen Selbstschutzkräfte zu entsetzen und einen deutschen »Gegenaufstand« auszulösen. Ein Teil der Kampfverbände träumte von dem »Marsch auf Berlin«. Oberst Graf Poninski von der preußischen Schutzpolizei mußte ihren Führern bei einer Besprechung sagen, innerlich ständen die Polizeiführer auf ihrer Seite, müßten aber ihrem Eid gemäß auf sie schießen lassen. So wurden denn auch das Regiment Schlesien (Roßbach), das Freikorps Oberland, das Bataillon von Heydebreck, die Sturmkompanie Koppe Killinger (Ehrhardt) von der politischen Abteilung der preußischen Polizei überwacht.

In der Führung der Kampfverbände waren alle späteren Richtungen der Wehrbewegung und der außerparlamentarischen Kräfte, aber auch rein militärisch denkende Heimattreue vertreten. Neben Nationalrevolutionären, die später im »Dritten Reich« hohe Funktionen ausfüllten wie von Heydebreck und Heines als SA-Führer, von Killinger als SA-Führer, sächsischer Ministerpräsident und Gesandter in Bukarest, Roßbach als Inspekteur des Reichsluftschutzbundes, standen Konservative wie von Waldow und Volkskonservative wie Oberleutnant Wolf vom Jungdeutschen Orden sowie die österreichischen Konservativen vom Tiroler Sturmzug des Freikorps Oberland, der spätere österreichische Vizekanzler und Heimwehrführer Fürst Starhemberg und der Justizminister Dr. Ludwig Draxler. Aber auch »nationalbolschewistische« Tendenzen begannen hier zu keimen. Teile des Freikorps Oberland weigerten sich, dem Ansinnen Ratiborer Unternehmer zur Bekämpfung von Streiks zu folgen. Der Stabschef des Korps, Dr. Beppo Römer, wurde als Kommunist später wegen Vorbereitung eines Attentates auf Hitler hingerichtet.

Ungeachtet aller hier nur andeutungsweise aufgezählten Schwierigkeiten hat der oberschlesische Selbstschutz im Rahmen des im politisch Möglichen und Erlaubten Hervorragendes geleistet. In der deutschen Wehrgeschichte ist ihm ein ehrenvoller Platz sicher.

Günther Körner

Gedanken zur Bilddokumentation über den Selbstschutz Oberschlesien

Mit der Heimat ist unersetzliches urkundliches, gedrucktes und Bildmaterial über die Abwehrkämpfe der Oberschlesier während des 3. polnischen Aufstandes 1921 verlorengegangen. Geschichtsschreibung und -darstellung bedarf aber in der heutigen Zeit der bildlichen Darstellung, weil das gedruckte Wort in der Vergangenheit zu sehr mißbraucht worden ist und das Bild die Vergangenheit »transparent« macht und den Generationen, welche die Ereignisse nicht mehr erlebt haben oder denen sie mündlich überliefert worden sind, ein lebendiges »Gemälde« der damals handelnden und leidenden Personen und aller Umstände vermittelt, die zu bestimmten geschichtlichen Ergebnissen führten.

Das in der Bundesrepublik noch vereinzelt und zerstreut vorhandene Bildmaterial bedarf der Ergänzung und Zusammenfassung, um einen Bereich der schlesischen und deutschen Wehrgeschichte wieder erstehen zu lassen. Dieser Zeitabschnitt fällt in die »Lücke« zwischen der Geschichte der alten Armee und der Wehrmacht; eine Reichswehrgeschichte besteht trotz einer immer breiter angelegten Literatur noch nicht und ist für unser Thema auch irrelevant, da die Reichswehr 1921 in Oberschlesien nicht eingreifen durfte.

Die Dokumentation behandelt nicht die Tätigkeit des Büros des Ministerialrates Dr. Spieker und seiner Spezialpolizei, aber auch nicht die Tätigkeit neu entstehender Abwehror-ganisationen nach Auflösung des Selbstschutzes. Sie scheut aber auch nicht vor Darstellungen von Personen oder Organisationen zurück, die später in innerpolitische Auseinandersetzungen verstrickt wurden. Ein besonderes Anliegen des Bildbandes besteht auch in der Schilderung des Eingreifens von Verbänden aller deutschen Stämme, deren Kampfwert nicht zuletzt auf der Führung durch bewährte Führer aus dem deutschen Feldheer beruhte und die, getarnt und eilfertig aufgestellt, dennoch die Hauptlast des Kampfes trugen.

Das Bildmaterial ist z. T. dem nach 1921 veröffentlichten noch vorhandenen deutschen und polnischen Schrifttum entnommen, z. T. stammt es aus Privatbesitz noch lebender Mitkämpfer. Die Qualität der damaligen Geräte, aber auch der Reproduktion kann nicht mit heutigen Maßstäben gemessen werden. Schließlich fanden Organisation, Einsatz und Auflösung weitgehend aus politischen- und Geheimhaltungsgrün-den »unter Ausschluß der Öffentlichkeit« statt; Propagandakompanien und Filmtrupps wie im 2. Weltkrieg bestanden nicht, was den geringen Anteil von Kampfaufnahmen erklärt.

Die Dokumentation hat schon dann ihren Zweck erfüllt, wenn sie den vor nunmehr 60 Jahren selbstverständlichen gemeinsamen Abwehrwillen des ganzen deutschen Volkes darlegt und so zugleich Mahnung und Verpflichtung kommender Generationen zur Gestaltung gesamtdeutscher Entwicklung bestärkt.

Günther Körner

Ausbruch des 3. polnischen Aufstandes

Die Streitkräfte
der Aufständischen (POW) versuchen,
das oberschlesische Abstimmungsgebiet
in Besitz zu nehmen.

Mitbürger!

Die polnische Regierung hat mich von meinem Posten als Plebiszitkommissar enthoben, weil ich den Putsch zu unterdrücken nicht imstande war. Ich bin nicht mehr Plebiszitkommissar, aber ich bin von Eurem Blut und Leben, ein Sohn des oberschlesischen Volkes, der sich seit 20 Jahren seines Vertrauens erfreut, der über 20 Jahre für Euch kämpft und auch für Recht und Freiheit Oberschlesiens. Wie Euer Bruder bin ich immer mit Euch, kämpfende, streikende Arbeiter und im Einvernehmen mit unseren polnischen Parteien stehe ich an der Spitze unserer Bewegung.

Ich wirke aber darauf hin, daß diese edle Bewegung nicht durch einzelne Untaten zu einer Anarchie umschlägt, daß sich keine Morde und Übergriffe ereignen, damit der normale Lebenslauf desto schneller zurückkehrt.

Wir müssen von uns jede niederdrückende deutsch-preußische Knechtschaft abwerfen, unseren Sieg müssen wir um jeden Preis erringen und kein Gewalthaber der Welt wird uns aufs neue deutsche Fesseln anlegen können.

Um die Massenbewegung organisatorisch zu erfassen, ernenne ich zum obersten Befehlshaber aller aufständischen Kräfte den Insurgenten Doliwa, dem alle Kommandanten und Führer, sowie die Aufständischen selbst unbedingten Gehorsam schulden. Von nun an seid Ihr Soldaten und habt Euch zu betragen, wie es die Soldatenehre gebietet. Ich verbiete jegliche Gewalt, sowie rohe Räubereien, Mißhandlungen jeglicher Personen ohne Rücksicht auf ihre Sprache, ihren Glauben und ihre Abstammung. Das Betragen jedes Aufständischen muß gut sein. Vermögen, Leben, Gesundheit wehrloser Menschen ist zu achten. Ich verbiete jede Entfernung von Beamten von ihrem Amte und fordere die Beamten zu treuer Pflichterfüllung und Ausharrung in ihrem Amte auf. Unfolgsame Beamte werde ich vom Amte weisen und das Amt durch von mir beauftragte Personen ausüben lassen.

Die Namen aller Verhafteten müssen mir von den Führern der Aufständischen binnen 24 Stunden gemeldet werden. Mit dem Tode wird bestraft, wer sich eines Diebstahls schuldig macht oder der Anwendung von Waffen oder Gewalt um eigener Vorteile willen oder wer sich des Mordes, Totschlages, Raubes, Notzucht, Brandstiftung, einer Beschädigung der Werkstätten, Wasserleitungen, Elektrizitätswerke oder Gasanstalten schuldig macht. Die Behörden der Aufständischen verpflichte ich, für die Aufrechterhaltung zu sorgen und gebe ihnen alle Mittel, die dazu nötig sind. Wer dagegen handelt oder dazu aufreizt, wird mit Gefängnis bis zu 5 Jahren, mit Haft bis zu 6 Wochen oder mit Geldstrafe zu 20 000 bis 150 000 Mark bestraft.

Ich übertrage die Aburteilung schuldiger Aufständischer und der von den Aufständischen ergriffenen Zivilpersonen den Feldgerichten. Das Feldgericht besteht aus einem Bataillonsführer und zwei Schöffen. Jeder Schöffe muß mindestens 30 Jahre alt sein. Die Todesstrafe wird nur vollstreckt, wenn ich das Urteil bestätige. Sie wird durch Erschießen vollstreckt.

Das Feldgericht erhebt die Beweise, die es für nötig hält und vernimmt stets die Zeugen eidlich. Über die Verhandlungen ist ein Protokoll zu führen und ein Urteil zu fertigen, das die festgestellten Tatsachen enthalten muß.

Am Standort, den 3. Mai, dem Tage der denkwürdigen polnischen Verfassung.

Korfanty.

Aufruf des Führers der polnischen Aufständischen zu Beginn des Aufstandes, Wojciech Korfanty, am 3. Mai 1921

Wojciech Korfanty, polnischer Plebiszitkommissar und Führer der Aufständischen

Der Oberbefehlshaber der Aufständischen Streitkräfte, Graf Maciej Mielzynski (Nowina Doliwa), ehem. Reichstagsabgeordneter, Rittmeister im preuß. Kürassier Rgt. 1

Tagesbefehl Nr. 1

Oberschlesische Aufständische! Es droht uns ein unerhörtes Unrecht; entgegen dem Versailler Vertrag und entgegen dem Abstimmungsergebnis sollen der Industriebezirk und andere polnische Bezirke neuerlich unter die preußische Herrschaft fallen. Gleichzeitig beraten die deutschen Industriellen darüber, auf welche Art nach Anschluß dieser Bezirke an Deutschland aus den Gruben und Hütten die polnischen Arbeiter entfernt und durch fremde ersetzt werden können.

Aufständische! Den Verrat der Heimaterde, die weitere Knechtschaft, die Germanisierung, die Abtrennung von dem freien Polen und unsere Entfernung aus den Arbeitsstätten dürfen wir nicht zulassen!

Da, trotz des deutschen Terrors, die friedlich durchgeführte Abstimmung der Welt gegenüber nicht den Beweis unserer Rechte gebracht hat, müßten wir dieselben mit Waffengewalt unterstützen. Mit den aus der Zeit unserer Knechtschaft stammenden Karabinern und mit den aus den vorigen Aufständen zurückgebliebenen Waffen habt Ihr heute auf meinen Befehl durch Überraschung des Gegners eine Reihe von Gemeinden und Städten besetzt und seid bereit, Eure Heimaterde bis zum letzten Blutstropfen zu verteidigen!

Ich befehle, mit ganzer Energie die deutschen Stoßtrupp-Banden zu entwaffnen. Gegenüber der sich friedlich verhaltenden deutschen Bevölkerung erweist die auf der ganzen Welt bekannte polnische Toleranz.

Jedweder Raub ist unter Todesstrafe verboten.

Gegenüber den Behörden der Koalition ist unbedingte Loyalität zu bewahren und es muß unter allen Umständen jede Kampfhandlung mit ihnen vermieden werden. Durch uns muß das oberschlesische Volk diejenigen Teile unserer geheiligten Heimaterde erhalten, welche ihm gebühren.

Mit diesem Gedanken kämpfen wir!

Unser Sieg ist gewiß!

Standort, zur Feier des Nationalfeiertages vom 3. Mai 1921 um 5.00 Uhr früh.

Nowina — Doliwa
Oberbefehlshaber der Aufständischen Oberschlesiens.

Ein polnischer Stab mit früheren Apo- und Gendarmerieoffizieren

Nach der „Rundschau" (Ratibor) Nr. 131 vom 11. Juni 1921 bringt die „Przeglad Wieczorny" recht wertvolle Geständnisse unterm 6. Juni 1921. Sie schreibt:

„**Die polnischen Arbeiter sind schon ausgebildet, mit deutschen Waffen versehen und mit den modernsten technischen Mitteln, vor allem Verkehrsmitteln, wie Last- und Personenautos, Motorräder, Train, sogar mit Feldküchen in den Kampf gegangen.** Die oberschlesische militärische Aktion hat schon mit der Möglichkeit eines dritten Aufstandes gerechnet. Die polnischen Führer, die demobilisierten Hallersoldaten, die ehemaligen polnischen Soldaten der preußischen Armee, die Mitglieder der Abstimmungspolizei — sie alle waren in die geheim bleiben sollende Angelegenheit eingeweiht. Alle Bezirke Oberschlesiens waren von der Organisation der Aufständischen umfaßt, an deren Spitze ständige Stäbe standen, bestehend aus Offizieren und Unteroffizieren der deutschen Armee, die die Organisation der Aufstandsbewegung leiteten.

Die Front wurde im Augenblick des Ausbruchs der Aufstandsaktion in drei Gruppen geteilt; die südliche Gruppe, die im Rayon von der tschechischen Grenze bis Ratibor und in Teilen des Kreises Cosel operiert; die mittlere oder östliche Gruppe unter der Führung von Haule und Borelowski operiert im Zentrum der Front an der Oder von Alt-Cosel über Kandrzin, Slaventzitz bis Dolna, wo sie sich mit der nördlichen Gruppe des Hauptmann Neugebauer vereinigt, die die Front bei Groß-Strehlitz und Rosenberg bis zum Kreise Kreuzburg hält. Jede dieser drei Gruppen hat ihren besonderen Stab, der an die Divisionsstäbe erinnert. Diesen Stäben sind die Stäbe der Abteilungen unterstellt, die den Charakter von Regimentsstäben haben.

Die östliche Gruppe ist am modernsten organisiert. Sie erinnert an einen Korpsstab aus den Zeiten des Weltkrieges. Das Schloß, in dem sich der Stab befindet, ist ganz von Telefondrähten umgeben, der Stab hat seine eigene Funkenstation und verfügt über eine sehr große Kraftwagenkolonne. Der östlichen Gruppe fällt die wichtigste Aufgabe zu: sie hält die äußere Front an der Oder und operiert innerhalb der Frontlinie gegen die Städte Kattowitz, Beuthen, Hindenburg, Tarnowitz und Gleiwitz, die von den Bataillonen der Aufständischen umgeben und durch Barrikaden von den umliegenden Dörfern und Vorstädten abgeschnitten sind.

Das Kriegsmaterial ist ganz modern organisiert. An der Front befinden sich Kampfbataillone, hinter der Front Reservebataillone. Dort werden Kavallerie, Artillerie, ja sogar Fliegerbataillone gebildet, die die Aufständischen zu organisieren geneigt sind.

Unabhängig von den Fronttruppen wimmelt ganz Oberschlesien von Aufständischen, die in den Städten und Dörfern die Ruhe (!) und Ordnung (!) aufrecht erhalten. Außer den Bataillonen, die die Städte umgeben, wird jede Ortschaft von der Volkswehr (poln. Orgesch) bewacht. ... Diese Gendarmerie, die unter Leitung des Hauptmann Zyle organisiert wurde, und die den ganzen Sicherheitsdienst der aufständischen Organe kontrolliert, ist ein glänzender Beweis für das organisatorische Talent der Aufständischen und muß unzweifelhaft einen starken Eindruck auf die Ausländer ausüben, die sich davon überzeugen, daß es die polnischen Aufständischen in kurzer Zeit verstanden haben, Ruhe und musterhafte Ordnung (!) in Oberschlesien einzuführen.

Die Schlesische Volkszeitung brachte am 12. Juni 1921 unter Nr. 283 folgenden Bericht:

Das polnische Hauptquartier in Oberschlesien befindet sich in Schoppinitz. Dort sind beim Stabe etwa 50 polnische Offiziere, die aus Kongreßpolen und aus Posen stammen. Ferner sind daselbst eine Anzahl französischer Offiziere beschäftigt, welche die taktischen Anweisungen erteilen. Diese französischen Offiziere tragen Zivilkleidung. Vielfach kommen jedoch französische Offiziere in Uniform zum Besuch ins Hauptquartier. Auch Korfanty befindet sich in Schoppinitz. Er hält die Verbindung mit Warschau aufrecht und fährt auch selbst öfter nach Warschau. Die Verbindung zwischen ihm und der polnischen Regierung wird vermittelt durch ein Hauptbüro für Oberschlesien, das sich in Warschau in der Kopernikusstraße 36 befindet. In diesem Büro in Warschau, sowie in anderen Büros in Lemberg, Krakau und Lublin sind schon vor langer Zeit die Vorarbeiten zu dem „Aufstand" in Oberschlesien getroffen worden. Dort wurden auch die polnischen Agenten ausgebildet, die vor langer Zeit nach Oberschlesien gekommen sind. Ebenso erhielten sie dort ihre Ausweispapiere und wurden mit Geld versehen.

An regulären kongreßpolnischen Truppen befinden sich z. Z. in Oberschlesien vier Bataillone, die bereits eingesetzt sind. Zwei Bataillone liegen ferner im Raum von Myslowitz und ein weiteres in Schoppinitz. In letzterem Ort wird auch z. Z. ein kongreßpolnisches Pionierbataillon zusammengestellt, unter Anleitung von französischen Instruktionsoffizieren. Ungefähr dreißig polnische Ingenieuroffiziere befinden sich zu diesem Zweck bereits in Schoppinitz. Bis zum 12. d. M. soll noch ein Geschwader von sechs Flugzeugen aus Warschau eintreffen. Der aus Krakau gebürtige Oberleutnant Henner, ein polnischer Fliegeroffizier, trifft bereits in Schoppinitz die hierfür erforderlichen Vorbereitungen. Der Flugplatz wird sich bei Schoppinitz befinden. Die Insurgentenarmee in Oberschlesien besteht aus vier Divisionen mit ungefähr 80 000 Mann. Bei jedem Bataillon sind ungefähr vier kongreßpolnische Offiziere, sowie eine Anzahl Unteroffiziere und Mannschaften. Ebenso befinden sich bei allen Stäben Kongreßpolen.

Jenseits der Grenze steht in der Gegend von Sosnowice eine mit modernsten Kampfmitteln ausgerüstete Division, die für Oberschlesien bestimmt ist. Sie führt die Bezeichnung „1. Oberschlesische Division" und steht unter dem Befehl des Generals Sczeptycki. Zwei weitere Kampfdivisionen werden dort noch erwartet, die eine unter General Zielinski und die andere unter General Haller. Der letztere soll das Oberkommando für Oberschlesien erhalten. In den militärischen Büros dieser polnischen Truppen sind französische Offiziere beschäftigt.

Das gesamte Kriegsmaterial für Oberschlesien wird durch das polnische Kriegsministerium geliefert. Das Hauptlager für Waffen und Munition ist in Sosnowice. Täglich treffen Waffen- und Munitionstransporte aus Polen in Oberschlesien ein. Vor Beginn des Aufstandes wurden die Transporte insbesondere auf eigens hierzu hergerichteten Holzbrücken über den Grenzfluß nach Oberschlesien geschafft. Diese Transporte haben schon damals keine Schwierigkeiten bereitet, da die Grenze von Oberschlesien aus durch interalliierte Truppen nicht abgesperrt war. Lediglich auf polnischer Seite stand an der Grenze polnisches Militär, das selbstverständlich solchen Transporten nichts in den Weg legte. Auch die Lebensmittel für die Insurgenten kommen zum großen Teil aus Polen. Insbesondere handelt es sich hierbei um amerikanische Konserven, die von der polnischen Regierung angekauft waren.

Das Geld für die Insurgenten hat Korfanty z. T. aus Warschau erhalten, z. T. sind es in Oberschlesien „requirierte" Gelder. In der Kriegskasse herrscht jedoch solche Knappheit, daß die Insurgenten bisher nur einen kleinen Teil ihrer Löhnung erhalten haben. Korfanty trägt sich daher mit dem Plane, Bons auf die oberschlesische Industrie auszugeben und damit zu zahlen. Die einem Leutnant zustehende Löhnung beträgt monatlich 3180 M. in deutscher Währung. Sie setzt sich zusammen aus einem Grundgehalt von 1200 M., aus einer Zulage von 800 M., aus 100 M. Etappengeldern und 36 M. täglichen Verpflegungsgeldern.

Der Mangel an Geldmitteln bereitet dem „Diktator" Korfanty die größte Sorge. Tag für Tag werfen Insurgenten ihre Waffen weg, weil sie nicht gelöhnt werden[1]). Auch polnische Offizier haben aus diesem Grunde schon Oberschlesien verlassen. Eine Anzahl derselben flüchtete auch, weil sie von den oberschlesischen Insurgenten bedroht wurden, die den Hochmut der Großpolen nicht ertragen konnten. Ein Teil der Insurgentenarmee bleibt nur deshalb bei den Waffen, weil sie den Anspruch auf die rückständigen Löhnungsgelder nicht verlieren wollen. Auch hofft man in Insurgentenkreisen, daß die von Korfanty geplanten Bons von der Industrie eingelöst werden. (Wird nie geschehen.)

Eine weitere Schwierigkeit hat das Eintreffen der englischen Truppen verursacht. Große Teile der Insurgenten fürchten, daß die Engländer die Grenze nach Polen besetzen konnten, und daß sie selbst dann nicht mehr in der Lage wären, sich nach Polen zurückzuziehen. Besonders kriegseifrige Kreise der Insurgenten arbeiten darauf hin, in einem solchen Falle die Engländer anzugreifen und den freien Grenzverkehr zu erzwingen.

Die polnische Vorausabteilung (Zerstörungskdo.) »Wawelberg« und ihre Erfolge: Die Verbindungen Oppeln-Carlsmarkt der Kohlenschleppbahn Oppeln-Brieg wurden unterbrochen, die Sülzer- und Oderbrücke Krappitz wurden zerstört, die Eisenbahnstrecke Hindenburg–Gleiwitz wurde unterbrochen, am 13. Mai wurde die Eisenbahnbrücke Cosel gesprengt.

Auch die Eisenbahnbrücke von Kandrzin wurde von der polnischen Vorausbateilung »Wawelberg« zerstört.

Zerstörte Oderbrücke bei Ratibor

Gesprengte Brücke bei Schimischow

Brückensprengung bei Oppeln

Aufständische polnische Abteilung in Myslowitz am 3. Mai 1921

Gruppe Polnocna, Untergruppe Linke in Sosnowice (Traugult-Kaserne)

Polnische Feldmesse

Feldmesse polnischer Infanterie

Infanterie der Aufständischen

Eine Kompagnie des polnischen Bataillons »Wyskota«

Feldmesse und Fahnenweihe polnischer Infanterie

Polnische Infanteriegruppe Rozdzien-Janow am 4. Mai 1921

Ein polnisches Bataillon wartet auf die Verladung

Aufständische auf der Fahrt zur Front

Polnisches MG sperrt Wegegabelung

Kavalleriestreife der Aufständischen

Feuerstellung der polnischen Batterie Beralt

Polnische Batterie mit Gebirgsgeschützen

Polnischer Panzerzug wird geweiht

Polnischer Panzerzug vor Gleiwitz

Weihe des polnischen Panzerzuges »Kabicz«

Der Panzerzug »Tadek-Slázak« der Aufständischen

Die Besatzung eines polnischen Panzerzuges

Panzerauto der Aufständischen »Korfanty« mit Marine-Stoßtrupp

Polnisches Panzerauto »Korfanty« mit Marine-Stoßtrupp

Dr. Kujawski und Personal eines polnischen Lazarettzuges

Bespannte Feldküche der Aufständischen

Feldbäckerei der Aufständischen am Bahnhof in Kattowitz

Polnischer Stab vor Rosenberg

Der teilweise gesprengte Bahnhof Rosenberg

Der zerstörte Bahnhof Groß-Stein

Eine gesprengte Villa in Groß-Stein

Inneres des von den Aufständischen zerstörten Schlosses Schimischow

Zerstörtes Maschinenhaus eines Kalkwerkes in Schimischow

Zerstörtes Gebäude in Zembowitz

Obdachlose Einwohner des Dorfes Anhalt

Bewohner des zerstörten Dorfes Anhalt

Bekanntmachung

Von gewissen Elementen der polnischen Bevölkerung sind

Gewaltakte verübt worden.

Die Ordnung ist in einer Anzahl von Kreisen des Abstimmungsgebietes schwer gefährdet worden. Die Interalliierte Kommission ist fest entschlossen, in kürzester Frist

die Wiederherstellung der Ordnung zu sichern

und hat den

Belagerungszustand

über die vom Aufruhr betroffenen Kreise verhängt.

Die Interalliierte Regierungskommission wird vor

keiner Maßnahmen zurückschrecken,

um die Achtung vor dem Gesetze sicherzustellen.

Oppeln, den 3. Mai 1921.

Der Vertreter Italiens
Präsident H. de Marini.

Der Vertreter Großbritanniens
A. F. P. Parseval.

Der Vertreter Frankreichs
Henri Ponsot.

Bildung des Selbstschutzes Oberschlesien – erste Abwehrmaßnahmen

Denkschrift über Entstehung, Art und Ziele des S.S.O.S.

Unter völliger Mißachtung der interalliierten Mächte, die z. Z. durch die I.K. die Oberhoheit in Oberschlesien in Händen haben, brachen am 3. Mai unter Korfantys Führung polnische Banden planmäßig in das Abstimmungsgebiet ein und besetzten seinen weitaus größten Teil, etwa bis zu der sogenannten Korfanty-Linie. Zahlreiche Fälle grausamer Mißhandlung und Knebelung der deutschgesinnten Bevölkerung kamen vor, das rege und unendlich wichtige Wirtschaftsleben des oberschlesischen Industriegebietes, dessen regelmäßiger Gang für Deutschland eine Lebensfrage ist, geriet durch Sabotageakte und zum Teil erzwungene Streiks in Stockung. Die Verkehrsmittel, Eisenbahn, Post und Telegraph innerhalb dieses bedeutsamen Gebietes und in das Reich wurden stillgelegt, auch die hochentwickelte landwirtschaftliche Produktion mußte fast überall eingestellt werden. Wie sehr durch alle diese Umstände die Not der Bevölkerung wuchs, bewiesen und beweisen die täglich zunehmenden Hilferufe, die aus dem besetzten Abstimmungsgebiet in das unbesetzte und nach Deutschland gelangen. Die derzeitige Inhaberin der Staatsoberhoheit in Oberschlesien, nämlich die I.K., war nicht in der Lage, die grobe Verletzung ihrer Staatsgewalt durch die Aufrührer zu verhindern, das Vordringen Korfantys aufzuhalten, geschweige denn seine Banden zurückzudrücken und das völlig zerstörte Wirtschaftsleben wieder in Gang zu bringen. Die Gefahr, daß diese Zustände sich immer weiter bis zur deutschen Abstimmungsgrenze ausbreiteten und daß auch hier die Not infolge der völligen Unterbindung aller Beziehungen zu dem wirtschaftlichen Kern des Landes sich ausbreiteten, wuchs täglich.

Da war es reiner Selbsterhaltungstrieb, reine Notwehr, daß die Bevölkerung des noch nicht besetzten Oberschlesiens die einzige noch mögliche Rettung in der Selbsthilfe sah. Das ist eine zwangsläufige Entwicklung, die durch die allgemein gültigen Gesetze der Menschheit legalisiert ist und unbedingt anerkannt werden muß. Dafür muß jeder Verständnis haben, der Liebe zu seinem Vaterlande in seinem Herzen trägt. Kein Volk kann es sich gefallen lassen, daß völlig unverschuldet einer seiner wertvollsten Teile der Willkür von Aufrührern überlassen wird. Und wenn die zur Verhinderung solcher Zustände in erster Linie zuständigen Gewalten zu schwach sind, dann bleibt nur als ganz natürliche Folge der Selbstschutz.

So scharten sich denn, als man die durch Korfanty angerichtete Verwirrung einigermaßen übersah, in den einzelnen Gemeinden des von ihm noch nicht besetzten Gebietes die wehrhaften Männer zusammen zur Verteidigung von Weib und Kind, von Haus und Gemeinde. Flüchtlinge aus dem Aufruhrgebiet verstärkten ihre Reihen und bestärkten ihre Landsleute in dem Entschluß zur Abwehr. Die notdürftigste Bewaffnung hatten die Flüchtlinge den Polen abnehmen können, z. T. hatte man sie unter dem Eindruck des polnischen Aufstandes vom August 1920 in sicherer Voraussicht weiterer derartiger Ereignisse in Sicherheit gebracht. Um Ordnung in diese Ortswehren zu bringen, wählten sich die einzelnen Mitglieder Führer und fügten sich in einer freiwilligen Mannszucht. So entstanden zunächst die lokalen Teile des S.S.O.S. Aber auch aus dem Reich machte sich mancher Oberschlesier auf, der erst vor eineinhalb Monaten dorthin geeilt war, um mit dem Stimmzettel für seine deutsche Heimat einzutreten. Nun wollte er dieselbe Heimatliebe auch durch die Tat beweisen. Es ist ganz selbstverständlich, daß diese Leute auch andere Volksgenossen mit sich rissen, die, wenn auch nicht in Oberschlesien geboren, doch große Liebe zu diesem deutschen Lande empfanden, das sich durch die Abstimmung soeben erst für Deutschland ausgesprochen hatte. Auch das war eine völlig selbstverständliche Entwicklung, für die jedes national empfindende Volk Verständnis haben muß. So kam es, daß sich landsmannschaftliche Gruppen zusammenfanden und nach Oberschlesien aufmachten. Natürlich war ihre Ausrüstung und ihre Bewaffnung anfangs außerordentlich dürftig. Sie wurde hier zum Teil durch den Polen abgenommene Waffen allmählich ergänzt. Die landsmannschaftlichen Gruppen wurden durch aus ihrer Mitte hervorgegangene Führer in feste Formationen gefügt und damit nunmehr eine einheitliche Leitung und Disziplinierung möglich war, in größere Verbände gegliedert. Wäre das nicht geschehen, dann wäre bei der Eigenart einer so plötzlich entstandenen Freiwilligen-Truppe leicht eine Belästigung der Bevölkerung und ein ungewünschtes Handeln der einzelnen Verbände die Folgen gewesen. Es ließ sich nicht vermeiden, daß unter den Deutschen, die auf diese Weise in die Reihen des S.S.O.S. traten, sich vereinzelt auch Elemente befanden, die diesem nicht erwünscht waren. Abenteurer, die ihre eigennützigen Ziele verfolgten und im trüben fischen wollten. Doch die sich immer mehr festigende Organisation des Selbstschutzes und ihr kameradschaftlicher, vaterländischer Geist betrieb mehr und mehr ihre Ausmerzung. Die Bevölkerung Oberschlesiens, deren bester wehrhafter Teil nun in den Reihen des Selbstschutzes stand, und die sich durch die Helfer aus dem Reich gehoben fühlte, drang nun darauf, ihrem Selbstschutz auch eine Spitze und straffe militärische Führung zu geben. Sie hat General Hoefer dazu gewählt. Er suchte alsbald mit straffer Hand Ordnung in die natürlich bunt zusammengesetzten Verbände zu bringen und sie von unüberlegter Kampfhandlung fernzuhalten. Dauernde Besprechungen mit den Führern, dauernde Einwirkung auf die Truppe durch Wort und Schrift waren dazu nötig. Selbstverständlich konnte bei aller Zurückhaltung und Selbstbeherrschung, die sich die Truppe dem frechen Aufrührer gegenüber auferlegte, nicht vermieden werden, daß da, wo die Polen uns durch ihre Angriffe reizten, oder wo der Lauf unserer vorderen Linie taktisch zu ungünstig war, oder wo die Hilferufe der Deutschen dicht vor unserer Front zu flehentlich an das Ohr der Truppe drangen, diese in berechtigter Notwehr örtliche Unternehmungen zur Verbesserung ihrer Lage machte. Der Brennpunkt in dieser Hinsicht war die Gegend des Annaberges, ein allen deutschen Oberschlesiern heiliger Punkt, dessen Besitz außerdem rein militärisch für die Ruhe der umliegenden Truppen und Dörfer von größter Wichtigkeit ist. Da er natürlich auch den polnischen Aufrührern als ein begehrenswertes Ziel erschien, war es unbedingt nötig, daß sich der deutsche Selbstschutz um ihn herum ein möglichst weites Vorfeld schuf. Das alles aber waren nur örtliche Unternehmungen. Im großen fügte sich der deutsche Selbstschutz unbedingt der I.K., für deren Stärkung er ja durch seine Ziele und seine Tätigkeit eintrat, und für die er zunächst die einzige Waffe gegen den polnischen Aufruhr bildete.

Es ist ganz selbstverständlich, daß der so entstandene Selbstschutz Oberschlesien nicht gewillt ist, seine Waffen eher aus der Hand zu legen, als bis er den Zweck, um dessen Willen er sich gebildet hat, erreicht sieht, d. i. die völlige baldige Befreiung Oberschlesiens von den polnischen Banden und die Wiederherstellung des Wirtschaftslebens und der Gesetzmäßigkeit. Es ist ebenso selbstverständlich, daß es sein sehnlichster Wunsch ist, die Befreiung seiner deutschen Brüder und Schwestern mit durch die deutschen Volksgenossen und nicht allein durch landfremde Truppen durchzuführen. Die Entscheidung darüber liegt bei der I.K. Diese muß sich aber darüber klar sein, daß, je länger der Zustand der tatenlosen Duldung des polnischen Unrechts und des wirtschaftlichen Stillstandes anhält, desto mehr die Erbitterung in der oberschlesischen Bevölkerung und

Heimattreue Oberschlesier vor einer Meldestelle zum Selbstschutz

Waffenausgabe an Heimattreue Oberschlesier

Waffenausgabe an Kräfte des sich bildenden Selbstschutzes

Erste Abwehrstellungen des Selbstschutzes mit Eisenbahnern und Apo-Polizisten

SMG-Stellung in der improvisierten Abwehrlinie des Selbstschutzes

Zur Beleuchtung folgendes Stimmungsbild vom Hauptbahnhof Leipzig, das in einer Zeitschrift zu lesen war:

„Finsterblickende Gestalten mit roten Armbinden gehen von Wagen zu Wagen des haltenden Schnellzuges. In einem Abteil sitzen vier Jünglinge in Sportkleidung.

Exekutionsausschuß! Ausweise vorzeigen!

Die jungen Leute übergeben ihre Studentenkarten, Münchener Akademiker auf der Ferienreise nach Breslau.

Die Roten lachen: „Das kennen wir schon. Studenten, und noch dazu aus München! Ihr wollt nach Oberschlesien zum Selbstschutz, auf unsere polnische Genossen schießen. Aber wir passen auf, hier in Sachsen, wir Sozialdemokraten. Hier kommt keiner von Euch Freikorpsbestien durch. Gestern abend ist uns erst einer in die Hände gelaufen, der hat drei Kisten Gewehre durchschmuggeln wollen. Aber dem haben wir es besorgt! Raus mit Euch und mit dem nächsten Zuge zurück!"

Hoefer führt ein Beispiel für die vielen Behinderungen für den Zustrom von Freiwilligen aus dem Reich an

Auf einem Behelfsweg über die Oder überschreiten Freiwillige des Bataillons Wasserkante (Hamburger Orgesch) die Grenze zum besetzten Gebiet

Eintreffen von Freiwilligen in Konstadt

Die Aufstellung von Selbstschutzverbänden in Oberglogau

Die Oberleitung

Generalleutnant Hoefer, Führer des Sebstschutzes Oberschlesien. Bis November 1918 Kommandeur der 117. Infanterie-Division, 1919 Kommandeur der deutschen Truppen im 1. polnischen Aufstand

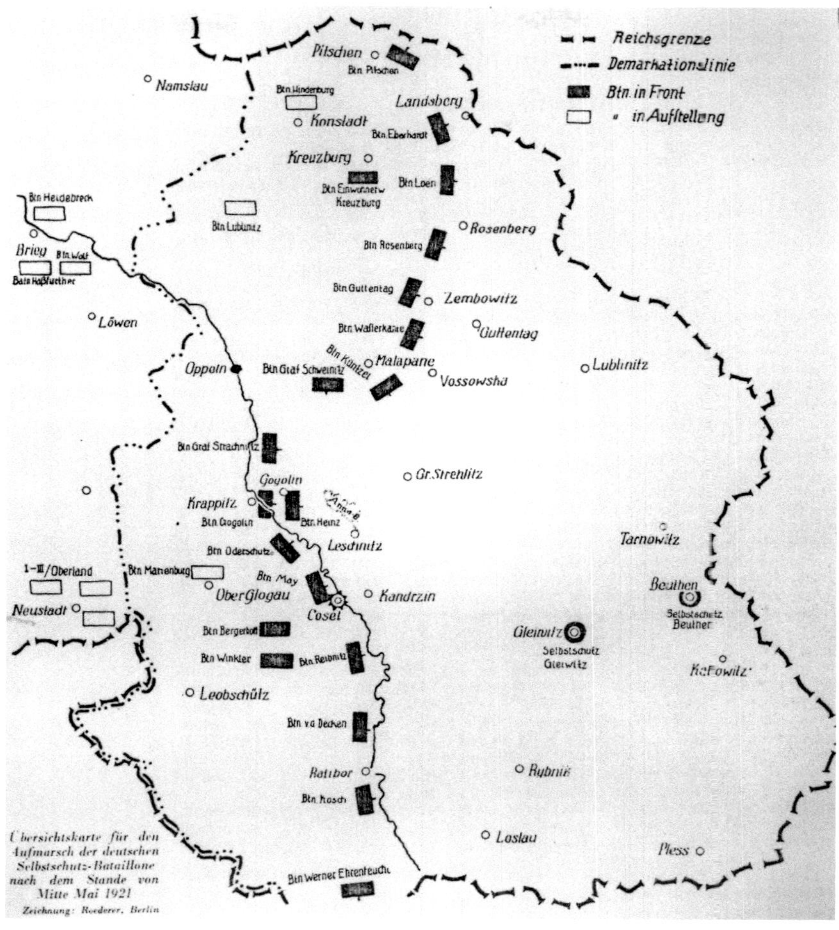

Übersichtskarte für den Aufmarsch der deutschen Selbstschutz-Bataillone nach dem Stande von Mitte Mai 1921

Zeichnung: Roederer, Berlin

Landsleute! Kameraden!

Dem Notschrei der Heimat bin ich gefolgt. Meine Liebe zur Heimat und Euer Vertrauen zu mir berechtigen mich, zu Euch zu reden.

In heiligem Zorn habt Ihr Euch gegen polnische Willkür und Herrschsucht zur Wehr gesetzt. Die Erbitterung über das maßlose Leid, in das Korfantys Banden Eure Brüder und Schwestern gestürzt haben, treibt Euch zum äußersten. Ihr habt erkannt, daß das Leben nicht der Güter höchstes ist. Ihr kämpft um mehr, als um Euer Leben. Ihr kämpft um Eure Heimat, um die Zukunft Eurer Kinder, um deutsche Ehre und deutsches Recht.

Schutzlos ist heute ein großer Teil unseres Landes polnischer Willkür preisgegeben.

Die Interalliierte Kommission hat nicht die Macht, sich gegen Korfantys wohlvorbereitete Rebellion durchzusetzen.

Wir wollen nicht dem Zustand der Gewalt, den Korfanty geschaffen hat einen anderen Zustand der Gewalt nach unserem Willen entgegen stellen.

Wir kämpfen in berechtigter Notwehr.

Wir wollen nur die Wiederherstellung des Rechts, die Wiederherstellung der erschütterten Autorität der Interalliierten Kommission, die Wiederherstellung des Friedens, den erst Korfanty unserem oberschlesischen Volke geraubt hat.

Unser gutes Recht war allzeit Richtschnur unseres Handelns und soll es bleiben. Aber lange genug haben wir die schnöde Verachtung unseres Rechts und der Interalliierten Kommission durch die Rebellen mit angesehen. Auch die größte Geduld und Besonnenheit hat ihre Grenze. Wenn wir heute zum Sprung bereit noch an uns halten, so geschieht es nur im Vertrauen auf den Gerechtigkeitssinn der Welt und in der Hoffnung, daß in wenigen Tagen im Rate der alliierten Mächte endlich die erlösende Entscheidung darüber fallen wird, wie dem Recht und der Autorität der Interalliierten Kommission in Oberschlesien wieder Geltung verschafft werden soll.

Landsleute! Kameraden!

Bis dahin steht mit Gewehr bei Fuß! Wahret Ordnung und Disziplin! Laßt euch durch keine polnische Greueltat zu Vergeltungsmaßnahmen hinreißen! Ehrt das Eigentum eines jeden, sei er polnisch oder deutsch gesinnt! Zeigt Euch würdig des deutschen Namens und Eurer guten und gerechten Sache. Keiner von Euch liebt die Heimat mehr als ich. Ihr kennt mich — vertraut mir — ich sehne wie Ihr den Augenblick herbei, wo wir zur Errettung unserer Brüder und Schwestern vorwärts stürmen können. Dann werdet Ihr mich, wie einst in Deutschlands schweren Tagen, wieder an Eurer Spitze sehen!

Und Ihr dort drüben, die Ihr unter der Willkür der Rebellen schmachtet, harrt tapfer dieses Tags, der Euch die Befreiung bringen wird. Wir kennen Euren Schmerz, wir sehen Eure Tränen! Vertraut darauf, daß das Vaterland euch nicht verläßt!

Hoefer, Generalleutnant z. D.

Aufruf der Oberleitung an die Selbstschutzverbände

Kameraden vom Selbstschutz!

Obwohl ich fast täglich in der kurzen Zeit, die ich an Eurer Spitze stehe, Formationen des Selbstschutzes aufgesucht habe, damit Ihr mich und ich Euch kennen lernte, war es mir doch leider unmöglich, mit Euch allen zu sprechen.

Ich habe deshalb das Bedürfnis, heute in besonders ernster Stunde durch diese Kundgebung zu Euch zu reden.

Vor allem möchte ich Euch allen nochmals meinen Dank sagen, daß Ihr gekommen seid, um unsere heißgeliebte oberschlesische Heimat der Räuberhand des frechen polnischen Aufrührers zu entreißen und Recht und Ordnung wieder an Stelle von Gewalt und Grausamkeit zu setzen.

Es liegt an der Ungunst der Verhältnisse, in der unser Oberschlesien, in der unser armes deutsches Vaterland sich befindet, daß Ihr bisher Euren selbstlosen Opfermut nicht durch die sichtbaren Erfolge belohnt seht, die wir zum Wohle unserer immer noch unter Korfantys Banden schmachtenden deutschen Brüder und Schwestern erhofft hatten. Doch dessen seid gewiß. Euer einmütiges Eintreten für unsere gerechte Sache hat mittelbar doch schon seine Früchte gezeitigt. Der machtvoll und schnell aufgeworfene Damm unseres oberschlesischen Selbstschutzes hat dem polnischen Räuber ein weiteres Vordringen verwehrt, hat den deutschen Volksgenossen innerhalb und außerhalb des Abstimmungsgebietes gezeigt, daß wir doch noch einig und opferbereit sein können, wenn allzu freches Unrecht uns bedroht, hat die Interalliierten aufgerüttelt aus der Untätigkeit, mit der sie Korfanty ihre eigenen Hoheitsrechte mit Füßen treten ließen. Und wenn die Interalliierten sich jetzt endlich zum Einsatz starker Kräfte zur Säuberung unseres armen Landes entschließen, so ist das nicht zuletzt Euer Verdienst.

Die Interalliierten haben weiter erkannt, daß wir vom S. S. trotz unserer jungen, rasch aufgebauten Organisation noch alte deutsche Zucht und Ordnung zu halten wissen — im Gegensatz zu der Zügellosigkeit der polnischen Räuber.

Gerade aber, weil wir uns so vorteilhaft unterscheiden von den Polen, verlangen wir jetzt auch von den Interalliierten eine entsprechende Achtung unserer Stellung und unserer Gefühle. Wir legen nicht eher unsere im heiligen Zorn ergriffenen Waffen nieder, wir lassen uns nicht eher zur Aufgabe unserer oberschlesischen Heimaterde zwingen, ehe nicht die polnischen Eindringlinge Oberschlesien wieder geräumt haben und ehe wir nicht die Gewißheit sehen, daß die z. Zt. gesetzmäßigen Gewalten in Oberschlesien, nämlich die Interalliierte Kommission, auch wirklich entschlossen und stark genug sind, um Recht und Ordnung für die Dauer zu sichern.

Schwere Entscheidungen werden in diesen Tagen über uns, über unser Heimatland fallen. Je geschlossener, je einiger Ihr jetzt hinter mir steht, je mehr Ihr durch besonnene Selbstbeherrschung den Interalliierten beweist, daß Ihr als gute deutsche Soldaten noch Manneszucht in den Knochen habt, und daß Ihr nicht aus Selbstsucht, sondern aus Liebe zum Vaterland Euch zusammengeschlossen habt, desto leichter macht Ihr mir, Eurem erwählten Führer, die Aufgabe, Eure Interessen und damit die Interessen unserer oberschlesischen Heimat und unseres großen Vaterlandes vor den Interalliierten zu vertreten. Die Tage, in denen wir jetzt leben, der Boden, auf dem wir kampfbereit stehen, sie sind von weltgeschichtlicher Bedeutung. Nicht die ehrgeizigen und abenteuerlichen Gelüste und Wünsche eines einzelnen, nicht der Drang einer kleinen Truppe dürfen sich da vordrängen; sondern nur die Rücksicht auf das Gesamtwohl Oberschlesiens und Deutschlands darf für unser Tun und unsere Entschlüsse maßgebend sein. Euer Vertrauen hat mich an Eure Spitze berufen. Das Vertrauen müßt Ihr mir nun auch in diesen schweren Stunden, die zum Heil oder Unglück von Heimat und Vaterland ausschlagen können, dadurch beweisen, daß Ihr bis zum letzten Freiwilligen Euch den von mir gegebenen Weisungen unbedingt fügt.

Oberglogau, den 31. Mai 1921.

Hoefer, Generalleutnant und Führer des S. S. O.-S.

Appell an die Selbstbeherrschung und Disziplin der Verbände

Generalleutnant Hoefer hält eine Ansprache an Führer der Gruppe Nord am Bahnhof Zembowitz

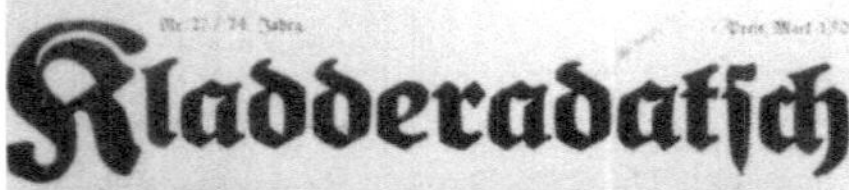

Titelblatt der Zeitschrift »Kladderadatsch« vom Juni 1921

Einteilung des Selbstschutzes in der 1. Hälfte Juni 1921.

Oberleitung: Generalleutnant Hoefer.
Chef des Generalstabes: Major Jacobson.
Zentrale: Oberst von Schwarzkoppen, später Oberst Becker.

Gruppe Süd:

Generalleutnant von Hülsen.
Chef des Generalstabes: Major von Wiedner (Nachfolger des Oberstleutn. v. Loewenfeld), dann Major von Hauenschild (gleichzeitig O.-Qu.).
Oberst von Notz. Gen.-St.-Off. Hauptm. Edelbüttel.
Detachement Martin.
Abteilungen Frhr. v. Reibnitz, Reitz (vorher Müller bezw. Frhr. v. Reibnitz II), May.
Detachement Grüner.
Abteilungen Werner (später Kujath), Kosch (später Jmiolzyk), v. d. Decken.
Abteilung v. Hautchamois.
Oberst Graf Magnis. Gen.-St.-Offz. Hauptmann Frenkel.
Korps Oberland (Major Horadam, Gen.-St.-Offz. Hptm. Römer).
Abteilungen Finsterling, Sieringhaus Oestreicher, Mulzer.
Detachement v. Holz, später v. d. Planitz.
Abteilungen Rupp, Gogolin (v. Frobel, dann Graf Rothkirch), Heintz.
Detachement Maschke von Witowski.
Abteilungen v. Heydebreck, Haßfurter, Schwarze Schar (Bergerhoff).
Oberstleutnant Bracht, später Oberst von Jarotzky. Gen.-St.-Offz. Hptm. Frhr. v. Gregory, dann Hptm. Dietze.
Detachement von Gilgenheimb.
Abteilungen Marienburg (Lensch), Gleiwitz (Buch), v. Watzdorf.
Detachement Irmer, später Günther.
Abteilungen Wendorf, Graf Bethusy, v. Garnier.
Abteilung Loßlau (v. Eberhardt).
Sonderformationen: Frhr. v. Richthofen, Sendorf, Nielsen, Mensching, Rittner, Siemen, Winckler, Kagelmann, Schlacke, Handy, Brunner, v. Hülsen, Lenczyk, Möllmann, Wild, Behrends, Sanitätskompagnie Oberland.

Gruppe Nord:

Oberstleutnant Grützner, Generalstab: Rittm. Hoferdt.
Abschnitt Turawa: Oberst Schuster.
Abteilungen Peiter, Künzel, Hoffmann (vorher Gf. Schweinitz).
Abschnitt Carlsruhe: Oberstleutnant Nollau.
Abteilungen Hindenburg (v. Waldow), Lublinitz (Genz), Wolff.
Abschnitt Kreuzburg: Oberstl. Muther, dann Oberleutn. Roßbach.
Abteilungen Eberhard, Frhr. v. Loën, Nowak.
Abschnitt Landesgrenze: Hauptmann v. Jordan.
Abteilungen Pietschen (Schneider), Guttentag (Schnepper), Nessel.
Einwohnerwehrformationen Kreuzburg, Pietschen, Landsberg, Jaschine und Konstadt.
Sonderformationen Noldan, Schmidt, Hesse, Wolff, Schirmer, Weidemann, Schmidt, Christensen, Hübner.

O.L. Hoefer
I, a. Nr. 38.

Oberglogau, den 31. Mai 1921.

Verordnung.

Der oberschlesische Selbstschutz vermag seine Aufgabe nur dann zu erfüllen, wenn die Truppe bedingungslos in der Hand ihrer Führer ist. Das erfordert eiserne Mannszucht. Sie ist Vorbedingung für jeden Erfolg und eine Wohltat für jedermann. Nur so werden wir ein wahrhafter Schutz unserer deutschen Brüder und Schwestern. Nur so flößen wir den Interalliierten und der polnischen Bevölkerung Achtung vor deutscher Zucht und Ordnung ein.

Der Selbstschutz steht in ernster Zeit an entscheidender Stelle. Aus dieser Tatsache entnehme ich im Einvernehmen mit berufenen Vertretern der oberschlesischen Bevölkerung die Berechtigung zu nachstehenden Strafbestimmungen für die Angehörigen des S.S.:

1. Wer plündert, mordet, raubt, meutert, Notzucht verübt oder Brandstiftung begeht, wird mit dem Tode bestraft.
2. Es wird aus dem oberschlesischen Selbstschutz schimpflich ausgestoßen
   a) wer sich im Dienst feige zeigt,
   b) wer ungehorsam ist,
   c) wer stiehlt.
3. Die in Ziffer 1 und 2 aufgeführten Verbrechen und Vergehen werden von Kameradengerichten abgeurteilt, worüber besondere Bestimmungen folgen. Die Bestätigung solcher Urteile erfolgt durch mich. Berufung ist unzulässig.
4. Alle sonstigen Vergehen, die die Aufgaben des Selbstschutzes gefährden, fallen unter die Strafgewalt der Truppenvorgesetzten. Diese müssen sich bewußt sein, daß sie niemals in einer Form bestrafen dürfen, die das Ehrgefühl des Freiwilligen verletzt, es sei denn, daß dieser sich ehrlos betragen hat. In der Regel kommt sofortige Entlassung durch den Bataillons-Führer oder Verhängung einer Geldstrafe durch den Kompanie-Führer in Frage. Bestrafung durch den Truppenvorgesetzten kommt auch in den Fällen in Frage, in denen die Kameradengerichte auf eine der nur ihnen zur Verhängung vorbehaltenen Strafen nicht erkennen oder wenn es sich um leichte Fälle der in Ziffer 1 und 2 a. a. O. aufgeführten Straftaten handelt.
5. Bei allen übrigen Vergehen sind die Schuldigen den zuständigen Gerichten zuzuführen.

gez. Hoefer.

Abänderungs- und Ergänzungsvorschläge waren von den Gruppenkommandos erbeten, sind aber nicht gemacht worden.

Generalleutnant Hoefer erläßt Strafbestimmungen für den Selbstschutz

O.L. Hoefer
I, a Nr. 649.

Oberglogau, den 27. Juni 1921.

Verordnung
zur Durchführung meiner Strafverordnung vom 31. 5. 1921.

Mehrere mir bekannt gewordene Einzelfälle geben mir Veranlassung zu der Annahme, daß meine Verordnung betr. die Strafbestimmungen für den S.S.O.S. und die zugehörigen Ausführungsbestimmungen durchaus noch nicht überall durchgeführt sind bzw. eine Strafjustiz in Formen und mit Wirkungen ausgeübt wird, für die das Oberkommando die Verantwortung nicht übernehmen kann.

Ich weise vor allem noch einmal darauf hin, daß eine Bestätigung ergehender Urteile nur durch mich erfolgen darf, ferner dementsprechend auch etwaige Begnadigungen usw. mir allein vorbehalten sein müssen.

Ferner weise ich darauf hin, daß naturgemäß durch die Bestrafung in Sachen der Verordnung eine Bestrafung durch die ordentlichen Strafbehörden nicht ausgeschlossen wird, die betr. Akten dementsprechend von den Gruppen durch eine bei ihnen vorhandene oder zu schaffende Zentralstelle zu prüfen und dann der zuständigen bürgerlichen Behörde vorzulegen sind. Dies hat unverzüglich nach Beendigung des Verfahrens (Strafvollstreckung bzw. deren Aussetzung durch mich) zu erfolgen.

Festgenommene Beschuldigte müssen unter größter Beschleunigung abgeurteilt, sodann muß so rasch als möglich durch die Gruppenzentralstelle ihre Weitergabe an das zuständige Gericht veranlaßt werden. Festgenommene Beschuldigte, deren Aburteilung erst erhebliche und zeitraubende Ermittlungen erfordert, sind unter Mitteilung des Sachverhalts an mich ausnahmsweise sofort der Gruppenzentralstelle zuzuführen. Sofern Festnahmen wegen Vergehen erfolgen, die nicht unter meine Strafverordnung vom 31. Mai fallen, sind die Beschuldigten unter genauer Mitteilung des Sachverhalts und der Zeugen der Gruppenzentralstelle zuzuführen.

Sachen, in denen eine Aburteilung auf Grund der Verordnung nicht in Frage kommt, und in denen keine Festnahme erfolgt ist, sind an die zuständige Staatsanwaltschaft abzugeben. Dies sind für die Gruppe Nord die Staatsanwaltschaft Oppeln, für die Gruppe Süd die Staatsanwaltschaft Ratibor. Die Abgabe erfolgt stets durch die Gruppenzentralstelle.

gez. Hoefer.

O.L. Hoefer
I, a Nr. 650.

Oberglogau, den 27. Juni 1921.

Verordnung.

Die sich dauernd wiederholenden Klagen über eigenmächtige polizeiliche Maßnahmen der Truppe nötigen mich, unter Zusammenfassung der von den Gruppen in dieser Hinsicht etwa erlassenen Vorschriften zu folgenden Bestimmungen:

§ 1.

Die Selbstschutz-Organisationen sind weder militärische Behörden noch Polizeiorgane. Sie sind daher zu polizeilichen Maßnahmen nur in Verbindung mit ordnungsmäßigen Polizeiorganen gewissermaßen als zu deren Unterstützung hinzugezogen berechtigt.

§ 2.

Sofern Festnahmen durch Selbstschutz-Angehörige unbedingt notwendig sind, sind sie sofort durch Anzeige an die zuständige Polizeibehörde und Überführung der Festgenommenen dorthin zu legalisieren. Die Anzeige hat sämtliche Belastungsmomente mit den Beweismitteln zu enthalten. Soweit möglich, ist für die Übermittlung der Anzeige und des Festgenommenen die Hilfe der Gerichtsoffiziere, der Polizeiabteilungen und der Gerichtsabteilungen der Gruppen in Anspruch zu nehmen. Unbedingt geboten ist dies bei schwereren Fällen und bei Zweifeln über die Zuständigkeit.

Bei den in der Strafverordnung vom 31. Mai d. J. bezeichneten Verfehlungen von Selbstschutz-Angehörigen hat Anzeige und Vorführung sofort bei dem zuständigen Gerichtsoffizier zu erfolgen.

Durchsuchungen von Gebäuden, Personen usw. sind stets durch Vermittlung der Polizeiabteilungen in Verbindung mit ordnungsmäßigen Polizeiorganen (Apo, Landjäger, blaue Polizei) und unter Zuziehung zweier einwandfreier Ortsangehöriger als Zeugen vorzunehmen. Durchsuchungen von Wohnungen zur Nachtzeit dürfen nur in besonderen gesetzlich geregelten Fällen vorgenommen werden, über deren Vorliegen das zugezogene Polizeiorgan zu entscheiden hat.

§ 4.

Bei allen Maßnahmen ist zu berücksichtigen, daß sämtliche Festgenommenen und sämtliche etwa bei Durchsuchungen beschlagnahmte Sachen unverzüglich dem zuständigen Amtsgericht zugeführt werden müssen, und daß die Verantwortung hierfür stets einem ordnungsmäßigen Polizeiorgan überlassen werden muß, wenn auch die Ausführung durch Angehörige des Selbstschutzes unterstützt und überwacht wird.

§ 5.

Beschlagnahme von Geld ist nur gestattet, sofern es sich um Diebesbeute, Bestechungsgeld, polnische Aktionsfonds usw. handelt. Auch hier muß den Polizeiorganen die Verantwortung überlassen werden.

§ 6.

Eine Abweichung von den bezeichneten Bestimmungen ist nur während eines regelrechten Kampfes mit Insurgenten zur eigenen Sicherheit der Truppe zulässig.

§ 7.

Zum Gebrauche der Waffe sind Angehörige des Selbstschutzes, von Kämpfen abgesehen, nur berechtigt zur Abwehr gegenwärtiger dringender Gefahr aus einem bereits erfolgten oder unmittelbar bevorstehenden Angriff mit einer Waffe.

gez. Hoefer
Generalleutnant a. D. und Führer des S.S.O.S.

Regelung der polizeilichen Befugnisse des Selbstschutzes

Ausführungsbestimmungen

zu meiner Verordnung vom 31. Mai über Einsetzung von Kameradengerichten.

1. Die im Bedarfsfalle zu bildenden Kameradengerichte bestehen: aus 1 Vorsitzenden und 2 Beisitzern der betreffenden Kompanie, handelt es sich um die in Ziffer 1 meiner Verordnung vom 31. Mai erwähnten Verbrechen, aus 1 Vorsitzenden und 4 Beisitzern des betreffenden Bataillons.

Die Beisitzer sind von der betreffenden Kompanie bzw. dem betreffenden Bataillon zu wählen. Den Vorsitzenden bestimmt in beiden Fällen der Bataillons-Führer.

2. Das Verfahren ist folgendes: Den Zusammentritt des Kameradengerichts beantragt der Kompanie-Führer auf Grund des von ihm zu ermittelnden Tatbestandes. Das Gericht beruft der Bataillons-Führer. Wenn der Angeklagte auf frischer Tat ertappt ist, so ist er unverzüglich abzuurteilen. In anderen Fällen dürfen bei notwendiger Abwesenheit von Zeugen die mit ihnen aufgenommenen Protokolle als Beweismaterial verlesen werden, wenn der Angeklagte bei ihrer Aufnahme zugegen war. Es ist eine Niederschrift über die Gerichtsverhandlung zu führen durch einen besonderen, vom Bataillons-Führer zu bestimmenden Gerichtsschreiber. Dem Angeklagten ist ausgiebig Gelegenheit zu seiner Verteidigung zu geben. In Fällen von Ziffer 1 a. a. O. ist ihm vom Bataillons-Führer ein Verteidiger zu stellen, falls er nicht selbst einen solchen wählt. Der Verteidiger muß Angehöriger des S.S. sein.

Das Urteil ist schriftlich zu begründen und mir unter Beifügung der Niederschrift a. d. D. zur Bestätigung vorzulegen.

gez. Hoefer.

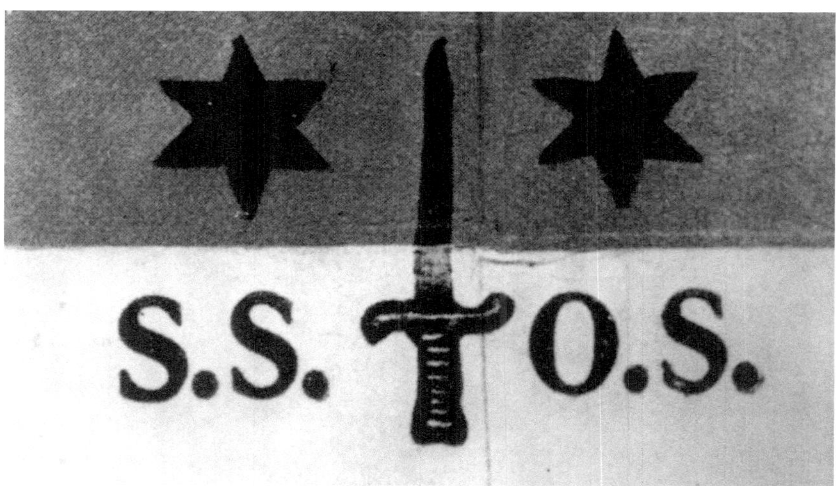

Armbinde des Selbstschutzes Oberschlesien, wurde bei allen Formationen eingeführt

Ärmel- oder Brustabzeichen aller Selbstschutzformationen

Der Schlesische Adler wurde in zwei Klassen verliehen

Die Gruppe Nord

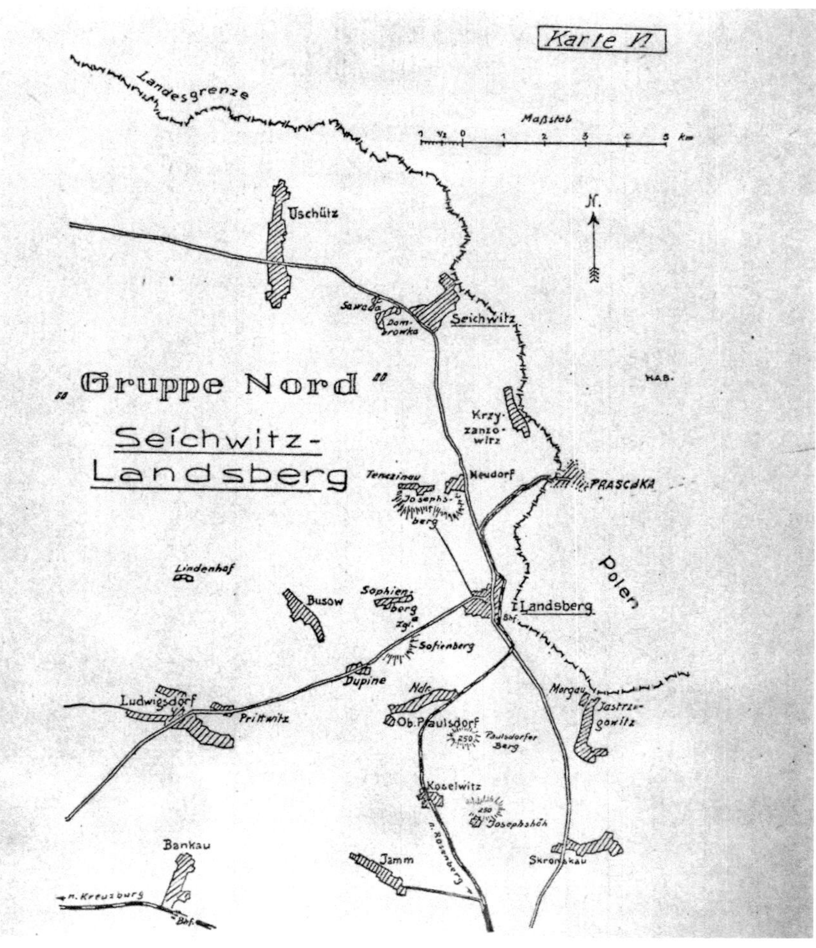

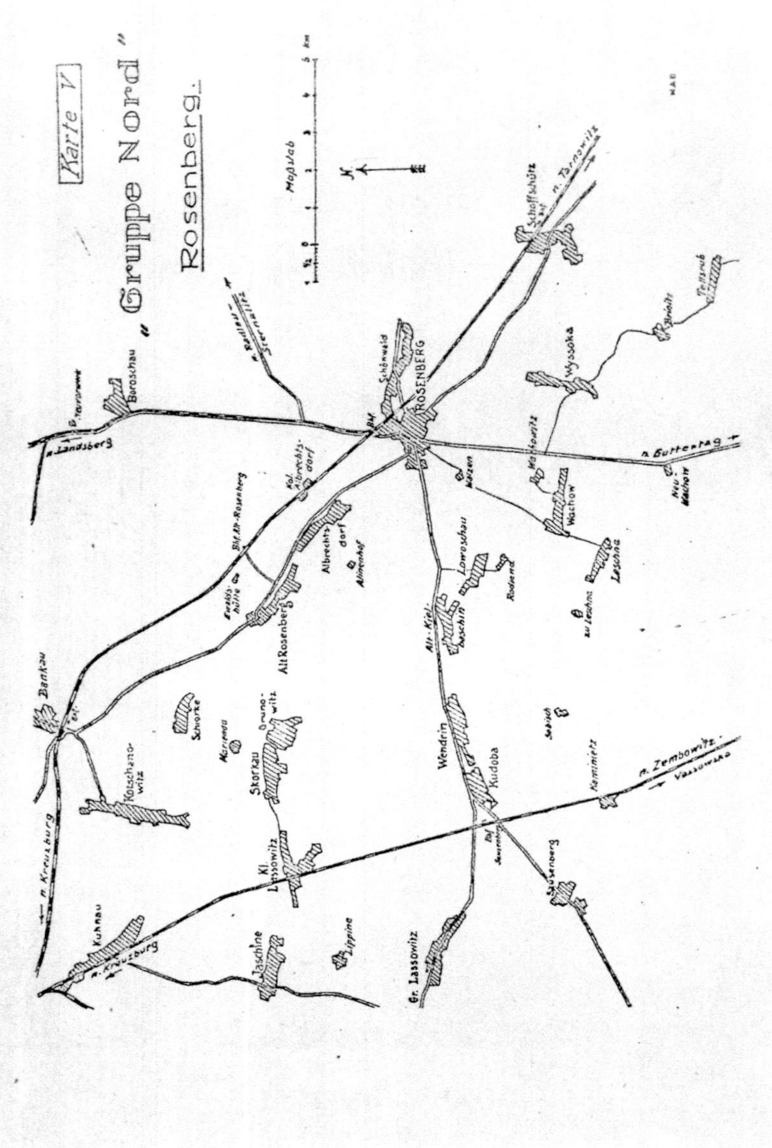
Karte V
„Gruppe Nord"
Rosenberg.
Maßstab
ROSENBERG
Schönwald
Boroschau
n. Landsberg
Bankau
n. Kreuzburg
Kotschanowitz
Skorkau
Kl. Lassowitz
Kuhnau
n. Kreuzburg
Jaschine
Lippine
Gr. Lassowitz
Alt Rosenberg
Albrechtsdorf
Wendrin
Kudoba
Kaminietz
n. Zembowitz
Loroschau
Jaschin
Wachow
Leschna
Wyssoka
n. Guttentag
Neu Wachow
Schoffschütz
n. Tarnowitz

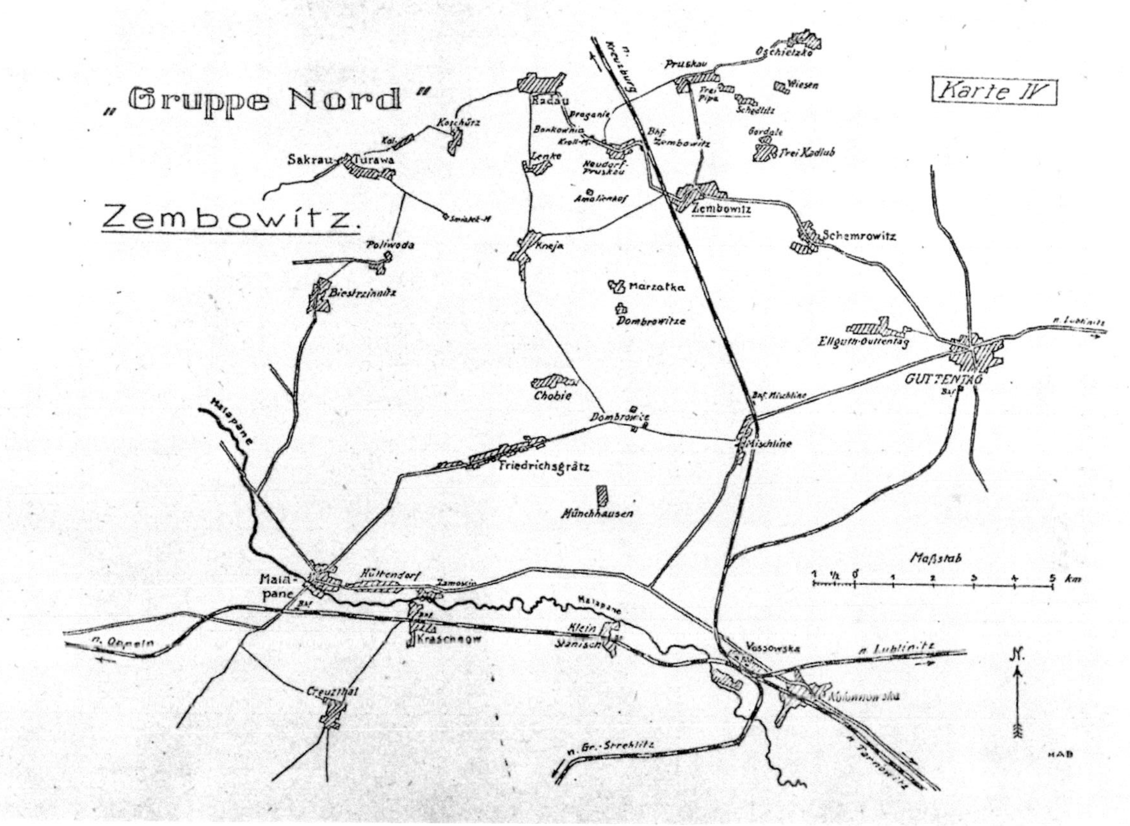
„Gruppe Nord"
Zembowitz.
Karte IV
n. Kreuzburg
Pruskau
Oschielzko
Wiesen
Frei Pipa
Schedlitz
Frei Kadlub
Radau
Bonkownia
Kotschütz
Sakrau
Turawa
Lenke
Neudorf-Pruskau
Bhf Zembowitz
Amalienhof
Zembowitz
Schemrowitz
Poliwoda
Biestrzinnitz
Kneja
Marzatka
Dombrowitze
Ellguth-Guttentag
n. Lublinitz
GUTTENTAG
Bhf
Chobie
Dombrowitz
Bhf Mischline
Mischline
Malapane
Friedrichsgrätz
Münchhausen
Maßstab
1 1/2 0 1 2 3 4 5 km
Mala-pane
Bhf
Hüttendorf
Malapane
n. Oppeln
Kraschnow
Klein Stanisch
Vossowska
n. Lublinitz
N.
Creuzthal
n. Gr.-Strehlitz
n. Tarnowitz
HAB

Oberleutnant Grützner, Führer der Gruppe Nord des Selbstschutzes

Dr. H. Menz, politischer Leiter der Gruppe Nord

Lehrer Josef Cyrus aus Gleiwitz war hervorragend tätig in der politischen Leitung der Gruppe Nord

Freiwillige des Selbstschutzes! Kameraden!

Die Interalliierten haben dem Herrn Oberbefehlshaber gegenüber zum Ausdruck gebracht, daß sie nur dann in der Lage seien, die von ihnen beabsichtigte Säuberungsaktion des von den polnischen Aufrührern besetzten Gebietes reibungslos vorzunehmen, und geordnete Verhältnisse in Oberschlesien wiederherzustellen, wenn der deutsche Selbstschutz zunächst in seiner jetzigen Stellung bleibt und sich jeder angriffsweisen Kampfhandlung enthält.

Der Herr Oberbefehlshaber konnte nach Lage der Sache nicht anders, als im festen Vertrauen auf die Disziplin der ihm unterstellten Selbstschutz-Verbände sich mit seinem Manneswort für die von seinen Freiwilligen geforderte Zurückhaltung zu verpfänden.

Kameraden!

Niemand soll einstens unseren kriegserprobten, tapferen oberschlesischen Führer, dessen Herz stets so warm für seine Untergebenen schlug, des Wortbruches bezichtigen können. Stehen wir fest hinter ihm und der oberschlesischen Sache, so wie bisher, beweisen wir in dieser schweren Not, die über uns hereingebrochen ist, daß deutsches Soldatenwort noch etwas wert ist.

Jeder einzelne Schluß, der unbedacht losgeht, kann uns vieles kosten! Gewiß kommt es uns bitter an, uns nicht selbst aus eigener Kraft, nach eigenem Willen zu unserem Rechte verhelfen zu können. Euch, Kameraden, wird dies besonders schwer angehen, die Ihr in glühender Begeisterung herbeigeeilt seid, unter Hinansetzung Eurer Berufspflichten aus Werkstatt und Büro, vom Pflug und aus den Hörsälen deutscher Hochschulen, die Ihr darauf brennt, den heimtückischen Gegner die deutsche Faust fühlen zu lassen. Verzagt nicht in dieser schweren Stunde, werft nicht kleinmütig die Flinte ins Korn — dies ist nicht deutsche Art. Gedenket der Brüder, die für das oberschlesische Land bereits ihr Herzblut hingaben; steht weiter unter Hintansetzung persönlicher Rücksichten zur gerechten Sache unseres oberschlesischen Volkes, für die Ihr Euch eingesetzt habt und hofft mit mir, der ich warm mit Euch empfinde, und voll Eure Gefühle würdige, auf den Zeitpunkt, wo wir uns wieder regen dürfen. Vielleicht kommt bald der Augenblick, wo zu uns dringt die Aufforderung, wie einst im fernen Osten: „Die Deutschen an die Front!"

Das walte Gott!

Konstadt, den 10. Juni 1921.

Grützner

Oberstleutnant und Führer der Gruppe Nord des Selbstschutzes Oberschlesien.

Führer von Selbstschutzverbänden der Gruppe Nord

Teile des Bataillons Schneider in Pitschen

Oberleutnant Schnepper,
Führer des Bataillons Guttentag

Oberleutnant Lenz,
Organisator des Selbstschutzes im Kreise Kreuzburg

Oberleutnant Schnepper mit dem Stab des Bataillons Guttentag

Freiwillige des Bataillons Guttentag im Quartier

Oberleutnant Gerhard Roßbach, Führer der Freiwilligen Sturmabteilung Roßbach 1919 im Grenzschutz Ost und im Baltikum, des Reichswehr-Jägerbataillons 37 1920, des Regiments Schlesien im SS.OS. 1921, der Arbeitsgemeinschaften in Mecklenburg und Pommern, der Schilljugend und des Bundes Ekkehard, zuletzt Inspekteur im Reichsluftschutzbund

Berliner Freiwillige des Bataillons Guttentag

Stab des Regiments Schlesien mit Lt. Gerhard Roßbach in Kreuzburg

Lt. Roßbach befestift Fahnenbänder an den Fahnen der Bataillone v. Loen und Eberhard

Feldwache des Regiments Schlesien (Roßbach), bestehend aus Flüchtlingen aus Beuthen

MG-Stellung in der Front der Freiwilligen-Abt. Schlesien

Selbstschutzverband auf dem Marsch zur Front – Gruppe Nord

Ein Zug des Bataillons v. Loen im Rgt. Schlesien

Mannschaften des Regiments Schlesien aus der Arbeitsgemeinschaft Roßbach

Eine Kompagnie des Selbstschutzes marschiert durch ein oberschlesisches Städtchen

Radfahrerkompagnie des Regiments Schlesien (Roßbach)

Von den Operationen des Deutschen Selbstschutzes in Oberschlesien.

Von H. Armin-Kolbatz.

Am Tage Christi Himmelfahrt war es, als die polnischen Räuberhorden auf Korfantys Befehl die deutsche Grenze überschritten und das seit Wochen drohende, allen bekannte Gewitter über die deutsche Bevölkerung hereinbrach. Den wenigen Männern, die aus sich heraus eine kleine Selbstschutzorganisation geschaffen hatten, war es natürlich unmöglich, bei so wenig Waffen einen richtigen Widerstand zu leisten. Dazu kam, daß in jedem Ort eine Anzahl Polen saß, zwar in der Minderheit, aber doch frech genug, die Deutschen zu verraten oder offen anzugreifen. Außerdem fehlte noch die einheitliche Führung auf der deutschen Seite, während die Polen in reguläre Kompagnien eingeteilt und mit genügend, meist französischen, Gewehren, durchweg französischen Handgranaten, Minenwerfern, Granatwerfern und genügender Munition ausgerüstet waren. Ferner hatten die Polen eine ganz erhebliche Anzahl schwerer wie leichter Maschinengewehre, während auf deutscher Seite keins von diesen war. Woher auch.

Kein Wunder also, wenn es den Polen gelang, im Norden von Oberschlesien bis ziemlich auf 7 Kilometer an die Kreisstadt Kreuzburg heranzukommen, nachdem die Kreisstadt Rosenberg bereits besetzt war. Bis zum 7. Mai gelang es jedoch, den deutschen Selbstschutz in feste Führung zu bekommen, und die Gegen- bzw. Abwehroperationen begannen; der Pole mußte stehen und konnte nur in kleinen Abschnitten weiter Fuß fassen. Zehn Tage später konnte der deutsche Selbstschutz bereits zum ersten Angriff übergehen und begann die Säuberungsaktion von Norden her. In der Frühe des 17. gingen die 1., 4. und 7. Kompagnie zum Sturm auf den Ort Seichwitz vor, den die Polen nur schwach verteidigten trotz bester Lage und Besetzung. 2,30 Uhr früh war der Ort bereits in unserer Hand und die im Laufe des Vormittags einsetzenden Gegenstöße wurden glatt abgewiesen. Durch Gefangenenaussagen wurde festgestellt, daß ein großer Teil der Polen sechs Wochen in Hohensalza von einem französischen Major ausgebildet und dann zur oberschlesischen Front geschickt wurde.

Groß war der Jubel der Bewohner, die endlich wieder deutsche Laute hörten und deutsche Farben sahen.

In dieser Zeit setzte auch der deutsche Angriff in der Gegend von Rosenberg ein, wo vor allem die 6. Kompagnie den Polen erhebliche Verluste beibrachte.

Der Angriff hatte zur Folge, daß der Pole seine übrigen Stellungen stärker befestigte und stärker ausrüstete. Doch schon wenige Tage später kam der zweite Schlag, der zur Säuberung des ganzen nördlichen Teils des Kreises Kreuzburg führte, und die Stadt Landsberg, hart an der polnischen Grenze, von ihren Peinigern befreite.

Wieder traten die 1. und 2.—4. Kompagnie zum Sturm an. Während die 1. Kompagnie Landsberg frontal angriff mit Anschluß an die 3., drückte die 4. Kompagnie von Norden. Dem überaus frischen Angriffsgeist der Truppen vermochten die stark befestigten Orte Dupine, Postawie, Carlsberg, Sofienberg, Strugen und Schottken nicht standzuhalten, und mit der aufgehenden Sonne standen die Kompagnien bereits vor Landsberg. Dem schneidigen Draufgehen bei so guten Erfolgen war kaum Einhalt zu tun, und so wurde die Stadt Landsberg um 4 Uhr früh von der 1. Kompagnie besetzt, und sofort nach der Grenze hin gesichert. Der Empfang der deutschen Truppe und die Freude der Bewohner, alt wie jung, war überschwenglich. Blumen über Blumen. Man wußte gar nicht, wo die so schnell herkamen, ganze Weiß- und Rotdornhecken waren kahl. Was hat aber auch die Bevölkerung alles in der Zeit durchmachen müssen. Unglaubliches einfach. Bei Tag und Nacht drei, vier Haussuchungen. Verhaftungen, Verschleppungen, Plündereien, wüstes Requirieren usw. Viele Deutsche waren geflohen, die aber nicht mehr fliehen konnten, denen hat man alles genommen. Da gab es Leute, die besaßen gerade das noch, was sie auf dem Leibe trugen.

Was die Landsberger mitgemacht und durchgemacht haben, muß unbeschreiblich gewesen sein, und das kann nur der beurteilen, der diese Leute gesehen hat, als plötzlich gegen 8 Uhr ein Befehl kommt, Landsberg sei sofort zu räumen.

Da der ganze Apparat der Befehlsübermittlung nur ein behelfsmäßiger war, und die Hauptsache durch Melder und Fahrer aufrechterhalten wurde, konnte es vorkommen, daß Befehle nicht die richtige Stelle erreichten oder erst erreichten, wenn schon wieder ein anderer Befehl da war. So auch hier. Jedenfalls aber muß der Befehl ausgeführt werden, und so zog sich die 1. Kompagnie wieder bis kurz vor Landsberg zurück. Wenn alle im übrigen Deutschland dieses Weinen, Schreien und Fluchen gehört, dieses Flüchten von Männern und Frauen gesehen hätten, sie würden anders über die oberschlesische Frage denken, als viele es heute tun.

Kaum ist die Besetzung aus dem Ort, als auch schon zwei Polen, die sich versteckt hatten, über die Grenze laufen und die polnischen Truppen benachrichtigen. Mit etwa 30 Mann kommen sie an und fangen sofort ein wüstes Verhaften und Plündern an. Der stellvertretende Bürgermeister wird nur durch ein Wunder vom Erschießen errettet, dafür werden ein paar Bahnarbeiter verschleppt, aus einem Schuhwarengeschäft für eine Viertelmillion Waren und Einrichtung geplündert und sofort über die Grenze gebracht usw.

Wäre nicht bald darauf der Befehl zum Wiedereinrücken gekommen, es hätte sich noch Schreckliches in der Stadt zugetragen.

Im weiteren Vormarsch stießen die Truppen südlich Landsberg vor, befreiten noch eine Anzahl von Orten und säuberten so den Nordteil des Kreises. (Fortsetzung folgt.)

Aus der Roßbacher-Zeitung »Der Kamerad«, Nr. 8, vom 21. Juni 1921

[illegible] den Heldentod für ihre Heimat

am 11. 5. [illegible]
am 15. 5. [illegible]
am 18. 5. [illegible]
am 19. 5. Erich Krause
am 19. 5. Ludwig Ristau
am 22. 5. Karl [illegible]
am 23. 5. Karl Bayer
am 2[illegible]. 5. Walter Pankratz
am 24. 5. Friedrich Kutschke
am 26. 5. Paul Laugner

Für ihre verratene Heimat standen sie mit Leib und Leben ein, für sie starben sie.

Ehre sei ihrem Andenken!

Kreuzburg, O.-S., den 27. Mai 1921.

Freiwilligenabteilung Schlesien.

In den Kämpfen gegen polnische Räuberbanden fielen in Oberschlesien die Angehörigen der Arbeitsgemeinschaft Roßbach

Friedrich Kutschke,
Erich Krause,
Ludwig Ristau,
Karl Bayer,
Walter Pankratz,

Inhaber des Eisernen Kreuzes 2. Kl. und des Verdienstkreuzes der A. G. R.

Die Heimat in Not! Diesem Ruf sind sie gefolgt und haben den Geist ihrer ehemaligen Sturmabteilung nicht verleugnet. Für die Heimat gaben sie ihr Leben.

Ehre sei ihrem Andenken!

Wannsee, den 27. Mai 1921.

Arbeitsgemeinschaft Roßbach. Der Vorsitzende: Roßbach, Lt. a. D.

Nachruf für die Gefallenen der Freiwilligenabteilung Schlesien in der Zeitung der Arbeitsgemeinschaft Roßbach, »Der Kamerad« vom 27. Mai 1921

Ein bei der Gruppe Nord eingesetzter behelfsmäßiger Panzerzug

Feldhaubitze der Batterie Weydemann in der Gruppe Nord

Oberleutnant Wolf, Führer des hessischen Bataillons Wolf (Jungdeutscher Orden)

Stab des hessischen Bataillons Wolf mit Oberleutnant Wolf

Die Abzeichen des hessischen Selbstschutz-Bataillons Wolf. Von oben nach unten: links: Ärmelstreifen des Bataillons, darunter Ärmelstreifen der 1., rechts: der 2. u. 3. Kompanie

Photo: Archiv Reiter gen Osten

Ärmelabzeichen der Kompagnien des Bataillons Wolf

Ein Zug des Bataillons Wolf vor dem Stabsquartier des Bataillons

Gruppe des Bataillons Wolf auf dem Bahntransport

Abmarsch des hessischen Bataillons Wolf aus Namslau. Das Bataillon bestand aus Mitgliedern der hessischen Balleien des Jungdeutschen Ordens und Studenten der Universitäten Marburg und Gießen.

Aufstellung des hessischen Bataillons Wolf

Infanterie-Gruppe des hessischen Bataillons Wolf

Infanterie-Gruppe des hessischen Bataillons Wolf

Marschrast der Kompagnie Lützow im hessischen Bataillon Wolf

Marschpause eines Zuges des Bataillons Wolf

Die Kompagnie Wehrwolf des Bataillons Wolf rastet

Stellungbau beim hessischen Bataillon Wolf

MG-Nest des hessischen Bataillons Wolf

Der Fähnrich Ernst v. Salomon kämpfte in den Reihen des Bataillons Wolf. Als Mitglied der OC. in das Rathenau-Attentat verwikkelt, wurde er ein bekannter Schriftsteller

Überführung des gefallenen Freiwilligen Töllner vom hessischen Bataillon Wolf in die Heimat

Im Kampf für die Befreiung des schlesischen Bodens von polnischen Banden starb durch Herzschuß den Heldentod der Freiwillige

Paul Töllner

Er war uns in Not und Gefahr ein treuer Kamerad. Wir werden ihn nie vergessen. Das für ein deutsches Oberschlesien und damit für das Vaterland vergossene Blut wird nicht nutzlos geflossen sein.

Im Namen einer Abteilung des Oberschlesischen Heimatschutzes

J. A.: **Wolf**, Abteilungsführer

Todesanzeige für den Freiwilligen Töllner des Bataillons Wolf in der Zeitung des Jungdeutschen Ordens

Trosse des hessischen Bataillons Wolf (Jungdeutscher Orden)

Feldküche des hessischen Bataillons Wolf

Hauptmann Ganz,
Führer des Bataillons Lublinitz

Fahne des Bataillons Lublinitz war gelb-weiß, die Umrahmung des Selbstschutzschildes schwarz-weiß-rot

Fahne des Bataillons Lublinitz

Von Hauptmann Ganz für das Batai gestiftetes Tapferkeitskreuz

»Lublinitzer« Tapferkeitskreuz 1. Klasse

Major v. Waldow, Führer des Bataillons Generalfeldmarschall von Hindenburg, meist aus Hannoveranern bestehend (Stahlhelm)

Abzeichen des Bataillons Generalfeldmarschall von Hindenburg. Hannoveraner und Niedersachsen

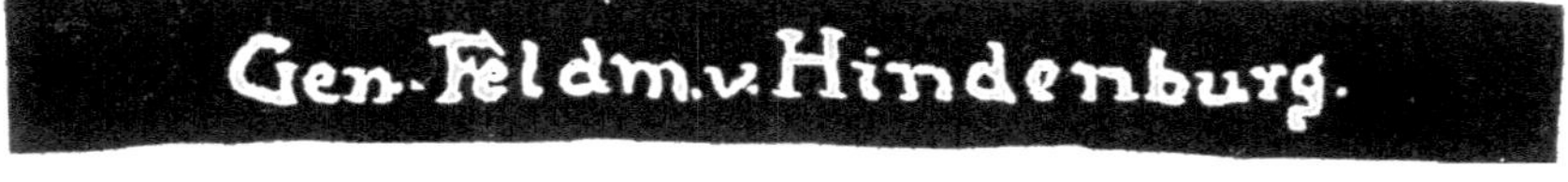

Gen.-Feldm.v.Hindenburg.

Ärmelabzeichen des Bataillons Generalfeldmarschall v. Hindenburg

Ärmelabzeichen des Bataillons Wasserkante. Das Battailon (Petter) bestand vorwiegend aus Pommern und Hamburgern

Oberleutnant Werner Harke, Führer der Pommernkompagnie des Bataillons

Der beim Einsatz der Pommernkompagnie des Bataillons Wasserkante gefallene Freiwillige Stork

Major Petter, Führer des Bataillons Wasserkante

Die Hamburger Kompagnie des Bataillons Wasserkante (Petter) in Kraschеow

Verstümmelte Leichen von Freiwilligen einer Patrouille der 3. Kompagnie des Bataillons Wasserkante

Leiche des Leutnant Kriebel, verkohlt, ohne Einschüsse mit ausgestochenen Augen

Das Bataillon Wasserkante (Petter) beim Rückmarsch ins unbesetzte Gebiet

Der MG-Zug der Kompagnie Olympia mit dem Führer Lt. v. Treskow und den einäugigen Leutnants Schlüter und Bahr (3. u. 4.). Freiwilliger Schuster griff mit seinem MG erfolgreich einen polnischen Panzerzug an.

Mittagspause bei der Kompagnie Olympia des Bataillons Küntzel mit dem 70-jährigen Kapitän Schaake und dem 16-jährigen Freiwilligen v. Dincklage

Angehörige des Bataillons Küntzel auf dem Wege in die Stellungen

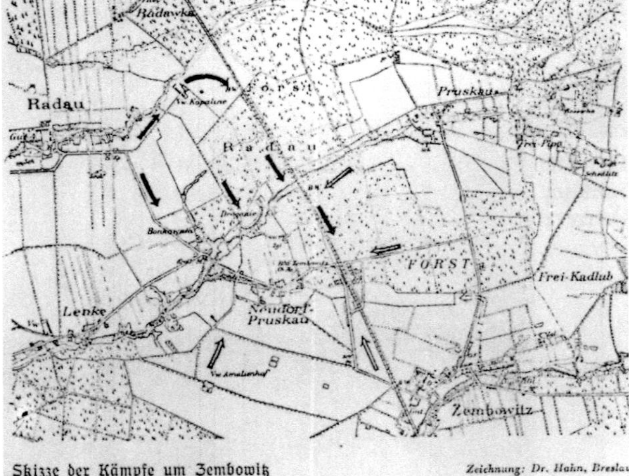

Skizze der Kämpfe um Zembowitz

Zeichnung: Dr. Hahn, Breslau

Selbstschutzkämpfer besichtigen nach dem Sturm das von den Aufständischen zerstörte Schloß Zembowitz

Anmarsch der Kompagnie Olympia des Bataillons Küntzel zur Front

Rast der Kompagnie Olympia des Bataillons Küntzel

Die Olympia-Kompagnie in Biesterzinnik beim Appell. In Front Leutnant Fritzmann und Dr. Graeschke

Der 1. Zug der Kompagnie Olympia des Bataillons Küntzel keht von einem Vorstoß auf Zembowitz zurück

Stützpunkt II Borownian bei Hoschkos Haus. Der spätere Schriftsteller Dr. Friedrich Hielscher (Ds Reich) nimmt ein Sonnenbad

Die Kompagnie Olympia des Bataillons Küntzel bestattet einen gefallenen Freiwilligen mit einer Ehrensalve bei Kneja

Kompagnie-Geschäftszimmer in Biesterzinnik mit dem Kompagnieführer Leutnant Schmitz und Zahlmeister Dr. Peters im Juni 1921

Schreibstube der 7. Kompagnie Bataillon Küntzel

Förster Wagner in Kneja mit einer Gruppe der Kompagnie Olympia. 1 u. 2 sind am 9. Juni 1921 im Gefecht mit einem Panzerzug gefallen

Gruppe Wache der Kompagnie Olympia des Bataillons Küntzel

»Doch keine ist equalis der filia hospitalis«. Berliner Studenten der Kompagnie Olympia mit Quatierstöchtern in Kneja

Sportfest der Kompagnie Olympia des Bataillons Küntzel vor dem Rückmarsch in das unbesetzte Gebiet im Juli 1921

Eine aus Corpsstudenten bestehende Kompagnie des Bataillons Küntzel (Normannia-Berlin)

Studenten des Corps Normannia-Berlin bei einem Bad in der Malapane

MG-Stellung des Bataillons Küntzel

Die Gruppe Süd

Generalleutnant Bernhard v. Hülsen. Führer der Gruppe Süd des oberschlesischen Selbstschutzes

Major v. Hauenschild. Oberquartiermeister der Gruppe Süd

Bäckermeister Hoenisch aus Oberglogau, der den Oberquartiermeister der Gruppe Süd bei allen Nachschubfragen hervorragend unterstützte

Oberleutnant Hyazinth Graf Strachwitz, Führer der Abteilung Graf Strachwitz. Im 2. Weltkrieg wurde er ein berühmter Panzerführer

Selbstschutz verteilt Lebensmittel an Flüchtlinge auf dem Bahnhof Krappitz

Armbinde der Abteilung Graf Strachwitz

Major Günther, Führer des Regiments Oberglogau, später »Schwarze Reichswehr« in Küstrin, kämpfte 1935 in Abessinien gegen italienische Truppen

Heinz Oskar Hauenstein, Führer des Sturmbataillons Heinz. Fähnrich in der III. Marine-Brigade v. Loewenfeld, Leiter der Spezialpolizei in Oberschlesien 1920/21, später Organisator des aktiven Widerstandes im Ruhrgebiet 1923

Ärmelabzeichen der Sturmabteilung Heinz. Es weist auf den Ursprung der Stammformation aus der III. Marine-Brigade v. Loewenfeld hin

Die Freiwilligen Leutnant Baron und sein Sohn in der Sturmabteilung Heinz (Hauenstein)

Freiwillige der sich bildenden Sturmabteilung Heinz

Oberleutnant Albert Leo Schlageter, Kompagnieführer in der Sturmabteilung Heinz. Kämpfte 1919 im Baltikum im Freikorps v. Medem, 1920 im Ruhrgebiet in der III. Marine-Brigade v. Loewenfeld, 1920/21 in der Spezialpolizei, wurde am 26. Mai 1923 von den Franzosen in Düsseldorf als Angehöriger der aktiven deutschen Sabotageorganisation (Heinz Hauenstein) erschossen

Oberleutnant Raben, dessen hauptsächlich aus Baltikumern bestehende Abteilung in die Sturmabteilung Heinz eingegliedert wurde

Hauptmann Martin, Führer des Detachements Martin

MG der Kompagnie Schlageter der Sturmabteilung Heinz (Hauenstein)

Abschnitt B Gnadenfeld, den 16.5.21

An

U. A. Krappitz

Exz. von H ü l s e n / Gruppe Süd / hat seine Anerkennung über das Unternehmen gegen Strebinow für Abteilung Heinz und Kp. von Eicken ausgesprochen und Übermittelung dorthin befohlen.

A. B.

Hauptmann a. D.

Anerkennung für das erste erfolgreiche Unternehmen im Bereich der Gruppe Süd

Die aus ehemaligen Baltikumern bestehende Selbstschutzabteilung Raben

Freikorps Oberland

Gliederung und Offizierstellenbesetzung

Korpsstab

Kommandeur: Major Horadam
Generalstabsoffizier: Hptm. Dr. Joseph (Beppo) Römer
Adjutant: Obltn. Graf
Ltn. Bräutigam
Ltn. Reil

I. Btln.-Sturmfahne Teja.

Btlns.-Führer: Hptm. Östreicher
Adjutant: H. Römer
1. Kp. Führer: Obltn. Widmann
2. Kp. Führer: Ltn. Diebitsch
zugeteilt Tiroler Sturmzug
Führer: Obltn. Dr. Draxler
3. Kp. Führer: Ltn. Gaßner
4. Kp. Führer: Ltn. Kanzler

II. Btln.-Sturmfahne v. Finsterlin.

Btlns.-Führer Hptm. Ritter v. Finsterlin
Adjutant: Ltn. Stichter
1. Kp. Führer: Ltn. Kolm
2. Kp. Führer: Obltn. Brohmann
Zugf.: Ltn. Dr. Kandt
Ltn. Lampl
Ltn. v. Beulwitz
Ltn. Schweniger
3. Kp. Führer: Ltn. Lüdemann
4. Kp. Führer: Ltn. Schwenniger

III. Btln.-Sturmfahne Siebringhaus

Btlns.-Führer: Major Siebringhaus
Adjutant: Ltn. Kreiselmeier
1. Kp. Führer: Rittmeister Eckelt
Ltn. Scheffel
2. Kp. Führer
3. Kp. Führer: Ltn. Springer

Artillerie

Artillerieführer: Hptm. Mulzer

Feldkanonenbatterie
Führer: Ltn. Lembert

Evtl. Beutegeschütze
Führer: Ltn. Spahn

Sanitätskompagnie und Lazarett

Assistenzarzt Dr. Lebsche
Oberschwester Pia

Hauptmann Dr. Joseph (Beppo) Römer, der 1. Generalstabsoffizier des Freikorps Oberland. Später führend im Bund Oberland tätig, im nationalbolschewistischen »Aufbruch-Kreis«, Mitglied der KPD, nach Attentatsvorbereitungen auf Hitler am 25. September 1944 hingerichtet

Major Ernst Horadam, Kommandeur des Freikorps Oberland

Kragenabzeichen des Freikorps Oberland

Offiziersstellvertreter (Hauptmann im Freikorps Oberland) Lulu Östereicher

Offiziersstellvertreter (im Oberland: Hauptmann) Lulu Östereicher, Führer des I. Bataillons Freikorps Oberland »Sturmfahne Teja«

Leutnant Karl Diebitsch, Führer der 2./I. Bataillon Freikorps Oberland, später Kunstmaler und Professor

Oberleutnant Dr. Ludwig Draxler, Führer des Tiroler Sturmzuges in der 2./I. Bataillon Freikorps Oberland

Der Tiroler Sturmzug in der 2./I. Bataillon Freikorps Oberland. Der Zugführer, Obltn. Dr. Ludwig Draxler, wurde später österreichischer Justizminister, der Freiwillige Fürst Ernst Rüdiger Starhemberg Führer der österreichischen Heimwehren und Innenminister. In den Reihen des Zuges ist auch der spätere bekannte Professor Ursin. Viele Angehörige waren Corpsbrüder des Corps Rhätia, Innsbruck. Die Fahne des Zuges befindet sich jetzt im Tiroler Landesmuseum.

Hauptmann Gröger-Panie mit Freiwilligen des Tiroler Sturmzuges des Freikorps Oberland – teilweise in englischen Uniformteilen

Hauptmann Ritter v. Finsterlin, Führer des II. Bataillons Freikorps Oberland – Sturmfahne Finsterlin

2. Kompagnie II. Bataillon Freikorps Oberland mit Oberleutnant Brohmann

MG-Zug des 2./II. Bataillon Freikorps Oberland

MG-Zug der 2. Kompagnie II. Bataillon Oberland mit auf Handkarren verlasteten Maschinengewehren

Leutnant Dr. Kandt, Zugführer in der 2./II. Bataillon Freikorps Oberland

Leutnant Dr. Kandt führt seinen Zug dem Kp.-Führer Oberleutnant Brohmann vor

Leutnant Dr. Kandt mit einem Teil seines Zuges

Major Siebringhaus,
Führer des III. Bataillons
Freikorps Oberland

Das III. Bataillon
(Siebringhaus) des
Freikorps Oberland

Hauptmann Viktor Scheffel, Führer der 1. Kompagnie III. Bataillon

1./III. Oberland (1. Zug Darmstädter Studenten)

Die 2. Kompagnie des III. Bataillons Oberland auf dem Marsch

Leutnant Walther Lembert, Führer der Batterie Lembert im Freikoprs Oberland. Die Batterie bestand zumeist aus Studenten von Weihenstephan/München

Liste der Gefallenen des Freikorps Oberland

FREIKORPS OBERLAND

Den Heldentod für's Vaterland starben in Oberschlesien:

Appel Max Frw. + 21.5.21. Annaberg
Balzer Ernst " + 4.6.21. Klutschau
Baum Burkhard " + 5.6.21. Kandrzin
Berner Max " + 4.6.21. Slawentitz
Bleimeier Karl U.O. + 21.5.21. Sakrau
Blümel Richard Frw. + 31.5.21. Kalinow
Böllge Reinhold U.O. + 3.6.21. Krappitz
Büddemann Fritz Frw. + 23.5.21. Olschowa
Grill Joseph U.O. + a.Verw. Miesbach
Gröschner Georg Frw. + 31.5.21. Kalinow
Grundmann Kurt " + 31.5.21. "
Herzberg Erich " + 23.5.21. Olschowa
Heijde Franz " +
Hipper Ferdinand Ltn. + 5.6.21. Kandrzin
Hoffmann Fritz Frw. + 31.5.21. Kalinow
Hollorf Johann " + 31.5.21. "
Honisch Erdmann " + 31.5.21. "
Kattge Georg " + 31.5.21. "
Kehel Alfred Gfr. + 23.5.21. Olschowa
Kiebbe Hans U.O. + i.Unf. Krappitz
Kleber Michael " + 23.5.21. Olschowa
Kölsche Karl Frw. + 23.5.21. Radlubitz
Kreilner Georg " + 21.5.21. Jeschona
Krohn Wilhelm " + 31.5.21. Kalinow
Kruse Georg " + 31.5.21. "
Dankenschlager B. U.O. + 5.6.21. Slawentitz
Lüdemann Bernh Ltn. + 23.5.21. Olschowa
Müller Andreas Vzfm + 21.5.21. Sakrau
Nichaus Hans Ltn. + 31.5.21. Kalinow
Nikolaus Willy " + 31.5.21. "
Peucher Max Frw. + 21.5.21. Oleschka
Ravior Walther " +
Rebensdorff " +
Reinhardt Franz " + 23.5.21. Olschowa
Rössler Hans " + 3.7.21. Chomnitz
Ronninger Adolf " + 5.6.21. Slawentitz
Rutkowski Werner " + 24.5.21. Leschnitz
Schmid Hans " + 21.5.21. Sakrau
Schneider Adolf Vzfm + 23.5.21. Olschowa
Schwabe Ernst Frw. + 31.5.21. Kalinow
Seegers Heinrich " + 21.5.21. Sakrau
Seemann Max " + 4.6.21. Slawentitz
Smerczeck Karl " + 31.5.21. Kalinow
Sonsalla Max Ltn. + 31.5.21. "
Springer Helmuth " + 31.5.21. "
Steinert Kurt Frw. + 4.6.21. Dollina
Störmer Waldemar " + 21.5.21. Annaberg
Thomass Günther " + 21.5.21. Sakrau
Tittel Rudolf " + 23.5.21. Olschowa
Trott " +
Waldow Karl Ltn. + 4.6.21. Klutschau
Winkler Erich Frw. + 31.5.21. Kalinow

Für Deutschlands Ehre und Freiheit fielen in München:

Pape Klaus von Frw. + 9.11.23. München Richmers Johann Rittm. + 20.11.23. Ö.Alling
Hellinger Franz U.O. + 9.1.24. im Kampf gegen die Separatisten Speyer.

Ehrentafel für die Gefallenen des Korps Oberland

Gefälschter Personalausweis des Freiwilligen Dr. Benno v. Braitenberg (Oberland) von der Kundschafterabteilung der Gruppe Süd

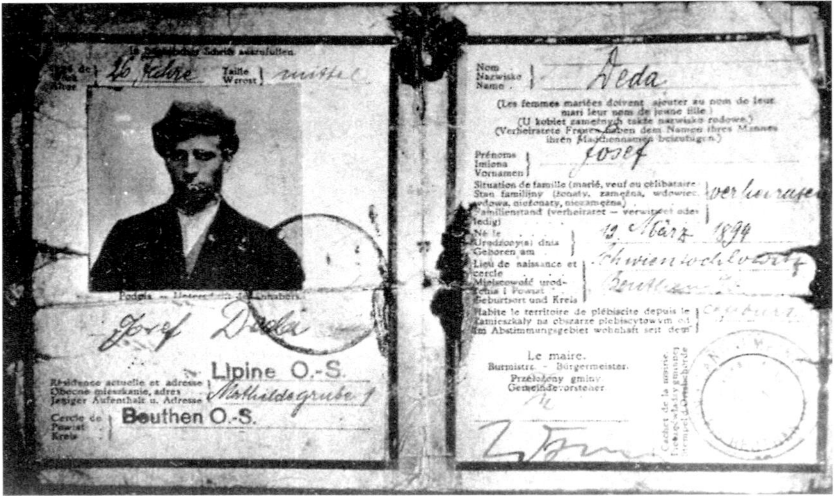

Taille / Wzrost mittel
26 Jahre
Podpis – Unterschrift des Inhabers
Josef Deda
Résidence actuelle et adresse / Obecne mieszkanie, adres / Jetziger Aufenthalt u. Adresse: Lipine O.-S. Mathildegrube 1
Cercle de / Powiat / Kreis: Beuthen O.-S.

Nom / Nazwisko / Name: Deda
(Les femmes mariées doivent ajouter au nom de leur mari leur nom de jeune fille.)
(U kobiet zamężnych także nazwisko rodowe.)
(Verheiratete Frauen haben dem Namen ihres Mannes ihren Mädchennamen beizufügen.)
Prénoms / Imiona / Vornamen: Josef
Situation de famille (marié, veuf ou célibataire / Stan familijny (żonaty, zamężna, wdowiec, wdowa, nieżonaty, niezamężna) / Familienstand (verheiratet – verwitwet oder ledig): verheiratet
Né le / Urodzony(a) dnia / Geboren am: 19. März 1894
Lieu de naissance et cercle / Miejscowość urodzenia i Powiat / Geburtsort und Kreis: Schwientochlowitz
Habite le territoire de plébiscite depuis le / Zamieszkały na obszarze plebiscytowym od / Im Abstimmungsgebiet wohnhaft seit dem
Le maire. / Burmistrz – Bürgermeister. / Przełożony gminy / Gemeindevorsteher
Cachet de la mairie

Treffen von Burschenschaftlern im Selbstschutz in Schönau

Ärmelabzeichen der Batterie Lembert

Dr. med. Lebsche, Führer der Sanitätskompagnie des Freikoprs Oberland, aus der Klinik von Prof. Sauerbruch

Schwester Pia aus der Klinik von Prof. Sauerbruch, betreute die Sanitätskp. des Freikorps Oberland und das Lazarett in Krappitz

Abfahrt von Dr. Lebsche und Schwester Pia in Krappitz zu Truppenteilen des Freikorps Oberland

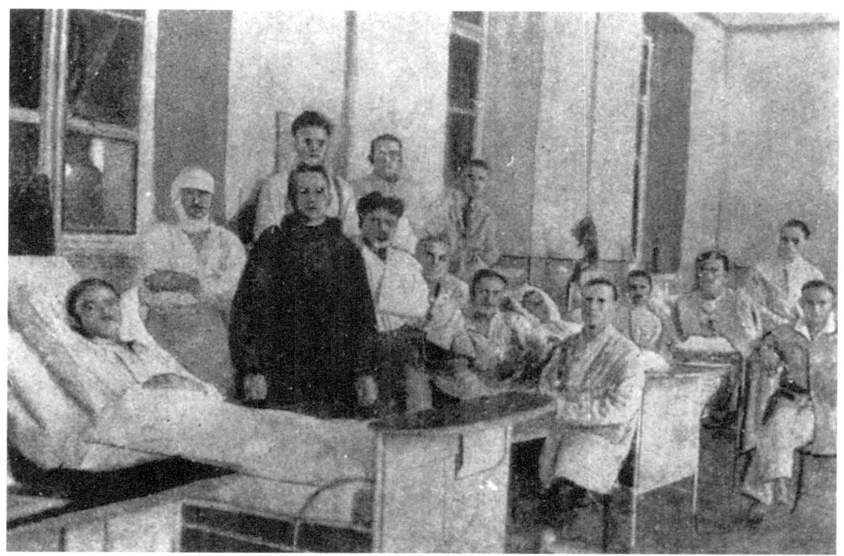

Verwundete im Lazarett in Krappitz

Feldküche und Verpflegungsausgabe des Freikorps Oberland in Krappitz

Eine Gruppe von Studenten der Technischen Hochschule Darmstadt im Bataillon Gogolin

Graf Rothkirch war zeitweilig Führer des Bataillons Gogolin

Leutnant Herzig vom Bataillon Gogolin

Oberleutnant Karl Bergerhoff, Führer des Bataillons Bergerhoff »Schwarze Schar«

Ärmelabzeichen des Bataillons Gogolin

Abzeichen des Bataillons Bergerhoff »Schwarze Schar«

Dr. Hoffert, der Bataillonsarzt, mit seinem Sanitätsstab

Oberleutnant Bergerhoff meldet dem Brigadekommandeur Oberst Graf Magnis die Ehrenkompagnie

Die zur Geschütztaufe aufgestellte Ehrenkompagnie unter Lt. Strogies

Die zur Taufe aufgestellten Geschütze mit den Patinnen, Frl. Fredemarie und Ruth v. Oheim, Wronin

Die 2. Kompagnie mit Leutnant Zimmermann

Die 4. Kompagnie des Bataillons Bergerhoff mit Oberleutnant Stein

Ein Teil der Radfahrerkompagnie mit Lt. Podolski, »Schwarze Schar«

Ein Teil der Radfahrerkompagnie mit ihrer von damen aus Groß-Strehlitz gestifteten Fahne

Lt. Henny, der Batterieführer

Die Batterie der »Schwarzen Schar« (Bergerhoff) in Klein Gauden

Ein Teil der Minenwerferkompagnie mit Lt. Reichelt in Groß Grauden

Kapitänleutnant Manfred v. Killinger, Führer der Sturmkompagnie Koppe im Detachement Bethusy-Huc, 1919/20 Führer der Sturmkompagnie in der II. Marine-Brigade Ehrhardt, starb als Deutscher Gesandter in Bukarest 1944

Das Freiwilligen-Bataillon Marienburg

Der Aufruf zur Aufstellung des Freikorps erfolgte im April 1921. Ich gab ihm den Namen „Freiwilligen-Batl. Marienburg" zur Erinnerung an den erfolgreichen Kampf der deutschen Ordensritter unter dem Schwaben Falk von Stauf gegen die Polen vor der Marienburg.

Die Aufstellung selber konnte in den ersten Maitagen in Oberglogau durchgeführt werden. Das Freikorps bestand aus fünf Kompanien und hatte eine Gesamtstärke von etwa 400 Mann. Die Bewaffnung und Einübung der Leute wurde so beschleunigt, daß die Besichtigung am 15. Mai 1921 auf dem Marktplatz in Oberglogau stattfinden konnte. Eine der Kompanien bestand ausschließlich aus Polizisten, welche von den Polen aus dem besetzten Gebiet ausgewiesen waren. Sie waren der Kern des Korps.

Kapitänleutnant Lensch, Führer des Freiwilligen-Batls. Marienburg

Leider sind zahlreiche Akten späterhin in Verlust geraten, so daß es mir nicht mehr möglich ist, alle Namen der damaligen Unterführer hier aufzuführen. Ich möchte aber an dieser Stelle allen, die damals in Oberschlesien mit in meinem Freikorps gekämpft haben, Dank sagen und hoffe, daß es ihnen im Laufe der Jahre gut ergangen ist und sie auch heute wieder im Kampf um Deutschlands Behauptung stehen.

Eines Mannes sei aber besonders gedacht, und zwar des Jäger-Oberleutnants Wetzel, der im Verlauf der Kämpfe des Freikorps in den ersten Junitagen vor Kandrzin als Führer seiner Kompanie durch Herzschuß fiel.

Die Aufgabe, die dem „Freiwilligen-Bataillon Marienburg" zufiel, war die Uebernahme des rechten Flügels. Der Abschnitt Marienburg lehnte sich mit seinem eigenen rechten Flügel an die Oder an, mit seinem linken Flügel schloß sich das Korps Oberland an.

In der Nacht vor Beginn des Sturmes auf den Annaberg fand in Krappitz eine Besprechung der Führer bei General Hoefer statt. Hierbei wurde Lage, Ziel und Aufgabe für den nächsten Tag bekanntgegeben. Es wurde eine Demarkationslinie festgelegt, die nicht überschritten werden sollte; insbesondere wurde von General Hoefer verboten, den Annaberg — ein Heiligtum der Polen — zu nehmen. Unter den Freikorpsführern herrschte indessen völlige Einigkeit darüber, daß der Angriff so weit wie möglich vorgetragen werden würde. So kam es dann am 21. Mai 1921 zum Sturm auf den Annaberg und zu seiner Eroberung. Das Freiwilligen-Batl. Marienburg nahm auf dem rechten Flügel am 21. Mai Oderwitz, Krempa, Roswadze und Deschowitz, am 23. Mai Wielmierzowitz und Januschkowitz. Heiß umkämpft wurde hierbei die Wygoda-Höhe und die Zuckerfabrik von Leschnitz. Am 24. Mai folgte die erfolgreiche Abwehr polnischer Gegenangriffe bei Wielmierzowitz, und von diesem Tage an ging es langsam, aber erfolgreich voran bis zur Einnahme von Kosel, Oderhafen und Kandrzin am 4. Juni. Hiermit fanden die eigentlichen Kämpfe des letzten Abschnittes ihren Abschluß.

Kurzdarstellung der Geschichte des Bataillons Marienburg durch Kapitänleutnant Lensch, den Führer des Bataillons

Der etatmäßige Feldwebel der 2. Kompagnie, Groß

Rittmeister v. Watzdorf, Führer des Bataillons Watzdorf

Im Juni 1921 gestiftetes Erinnerungsabzeichen des Selbstschutzbataillons May

Hauptmann a. D. May, Führer des Freiwilligenbataillons May

Hauptmann Imhoff, Führer des Selbstschutzes Keith (Immiolczyk)

Hauptmann Buth, Führer des Bataillons Gleiwitz

Ärmelabzeichen des Bataillons Keith – Immiolczyk

Kapitänleutnant Fels, Führer der Freischar von Dömming im Bataillon Gleiwitz

Die Freischar v. Dömming im Bataillon Gleiwitz. Der Zugführer links ist der Bomberflieger und Verkehrspilot Fhr. Marschall von Bieberstein.

Die Kämpfe um den Annaberg
Das Gefecht bei Kalinow
Die Kämpfe im Raume Slawntzitz
Klodnitz-Kandrzin
21. Mai bis 6. Juni 1921

Streng geheim, durch Offiziere geschrieben. 20.5.21

Vorbemerkung: Annaberg verraten, deshalb Änderung notwendig, nur nachstehender Befehl gilt.

Gruppenbefehle

1. Zur Schaffung eines Brückenkopfes wird die eigene Stellung am Nordflügel vorverlegt. Ziel: Bachabschnitt Januschkowitz-Rokitsch-Kurzowka-Lichinia-Scharnosin, Höhe 305 bei Kadlubietz-Nieder-Ellguth - Nordrand Steinbrüche bei Gogolin.
2. Vom Feinde ist bekannt:
   a) Postierungen am rechten Oderufer mit Infanterie und MG.
   b) Besetzung der Bahn Kandrzin-Gogolin. Stärker am Bahnhof Kandrzin und Leschnitz.
   c) Voraussichtlich schwächere Kräfte Slawentzitz, Lenkau, Raschowa, Rokitsch. Stärker wird Besetzung Kandrzin, Leschnitz und Annaberg sein, auf Annaberg vielleicht Artillerie.
   d) Infanterie, MG. und MW. in Front vor Gogolin.
   e) Die Dörfer der Oderniederung haben starken polnischen Einschlag, die auf den Höhen weniger.
3. In Groß-Strehlitz stehen französische Truppen, Kampffühlung darf auf keinen Fall stattfinden.
4. Am 21.Mai, 3 Uhr 30 Min. vormittags, greifen von den untengenannten Ausgangsstellungen beginnend an:
   a) Det.v.Chappuis über die Linie Oder-Krempa-Jeschona (Jeschona ausschließlich). Ausgangsstellung: Höhenrücken südöstlich Ottmuth - Ausgang Gogolin nach Oberwitz (Gogolin ausschließlich).
      Truppen: Freiw.-Abtlg. Lensch, v.Winkler, Bergerhoff.
   b) Det.Horadam den Annaberg und die Waldstücke nördlich davon.
      Schwergewicht zur Umfassung auf linken Flügel, rechter Flügel über Jeschona.
      Ausgangsstellung Gogolin einschließlich und nördlich davon.
      Mit Det.Strachwitz ist Fühlung zu nehmen (Heinz ist orientiert).
      Truppen: 2 Freiw.-Abtlg. Oberland,
      1 „ „ v.Holz,
      1 „ „ Heinz.
      Anzustreben ist, daß das Det.v.Chappuis den Bachabschnitt von Januschkowitz bis Scharnosin ausschließlich erreicht. Hier schließt sich das Det.Horadam in der unter Ziffer 1 genannten Linie an. In der erreichten Linie sind sofort Stützpunkte anzulegen.
5. Als Gruppenreserve stehen am 21., 3 Uhr 30 Min. vormittags, unter Führung des Majors v.Gilgenheimb bereit:
   Freiw.-Abtlg. v.Watzdorf und Artilleriezug F.K.16 in Krappitz, Anfang Ring Krappitz, Front nach der Oder. Linke Straßenseite ist unbedingt freizuhalten.
   Freiw.-Abtlg. v.Rotkirch-Wild-Eicken wird nach Maßgabe des Vorschreitens des Angriffs zur Gruppenreserve herangezogen. Der heranbeförderte F.K.16-Zug tritt zur Gruppenreserve, Unterkunft in Klein-Strehlitz nach näherer Anweisung des Majors v.Gilgenheimb.

Es ist unter allen Umständen zu verhindern, daß Teile der Freiw.-Abtlg.Rotkirch-Eicken mit den ersten Kolonnen vorgehen.

6. Reihenfolge beim Überschreiten der Oderbrücke Krappitz am 21. früh:
   Kolonne Horadam, Kolonnen Chappuis,
   Anfang Horadam: 1 Uhr 30 Min. vormittags von Schloß Krappitz ab.
7. Die Truppe wird nach Maßgabe des Fortschreitens zunächst aus der Kompanie Wild einen deutschen Ortsschutz in den genommenen Orten einrichten. Hauptmann Wild meldet sich, sobald eine Abteilung zusammengezogen ist, beim Gruppengefechtsstand Krappitz (Schloß).
8. Unterkunft vom 20.Mai, 3 Uhr 30 Min. vormittags ab, für Kolonne Horadam: Krappitz-Oratsche (Heinz bleibt am bisherigen Ort). Kolonnen Chappuis Stoblau-Dobrau. Abteilung Watzdorf: Klein-Strehlitz.
   Vorbeförderung der Truppen durch Bahn regelt O.O. unmittelbar, letzter Teil der Bewegungen zur Erreichung der Ortsnuterkünfte bei Dunkelheit; scharfe Absperrung der Oderübergänge bei Krappitz, um Geheimhaltung zu sichern, muß rücksichtslos durchgeführt werden.
9. Hauptverbandsplatz: Krappitz, Schloß.
10. Gefechtsstand der Gruppe vom 20.Mai, abends 8 Uhr: Schloß Krappitz.
    Abschnitt Gilgenheimb stellt Quartier sicher für Se.Exzellenz, Chef, Ia, 4 Offiziere, 1 Ordonnanzenzimmer.
11. Nachrichten-Abteilung sorgt für sichere Verbindung von Krappitz-Schloß nach Polnisch-Neukirch.
    Den Kolonnen Horadam und Chappuis sind Fernsprechtrupps mit je 20 Kilometer Kabel pro Kolonne mitzugeben, die für ständige Verbindung zwischen Gefechtsstab Gruppe Schloß Krappitz und den beiden Kolonnen sorgen. Meldung bei Major v.Chappuis und Horadam 20.Mai mittags in den Ortsunterkünften. Als Fernsprechreserve ist ein Trupp mit 20 Kilometer Kabel beim Gefechtsstab der Gruppe vom 20.Mai, 8 Uhr abends, ab bereit zu halten. Zu jedem Detachement tritt ein Verbindungsoffizier der Gruppe.
12. Die Abschnitte demonstrieren an zahlreichen, wahrscheinlichen Stellen ihrer Front in der Nacht zum 21.Mai mit geräuschvollen Unternehmungen, die beim Gegner den Anschein eines oder mehrerer Übergangsversuche erwecken sollen. Abschnitt A beginnt am 20.Mai, Abschnitt B am 21.Mai, 2.30 Uhr vormittags.
13. Die Pionier-Abteilung hält sich vom 21. vormittags bereit, an der erkundeten Übergangsstelle, sobald Angriff genügend fortgeschritten, den Brückenanschlag vorzunehmen.

gez. Hülsen
Generalleutnant

14. Parole: Annaberg.

    Verteiler: Se.Exzellenz/Chef/Ia/O.O./Lt.Handy/Bba./Pi.-Ab./Abschn.A/Abschn.B (zugleich für Abt.Watzdorf)/Det.Horadam (zugleich für Oberland und v.Holz)/Det.v.Chappuis (zugleich für Freiw.-Abtlg.Lensch/v.Winkler und Bergehoff)/Det.Gilgenheimb (zugleich für Freiw.-Abtlg.Rothkirch-Eicken-Wild)/Freiw.-Abtlg.Heinz.

Der Annaberg

Antransport des Bataillons Bergerhoff zum Sturm auf den Annaberg am 20. *Mai* 1921

Studenten der Technischen Hochschule Darmstadt

Transport von Selbstschutzkämpfern

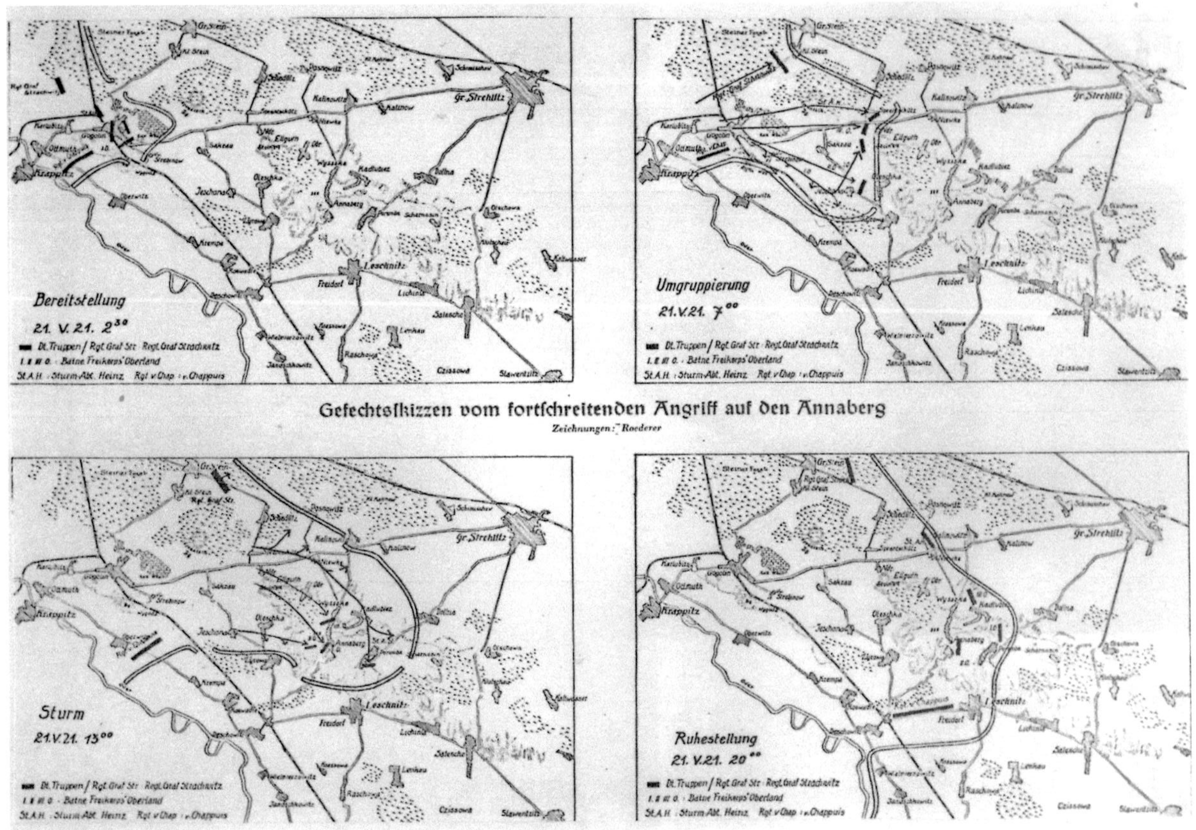

Gefechtsskizzen vom fortschreitenden Angriff auf den Annaberg

Eine Angriffswelle des Korps Oberland durchschreitet einen Hohlweg am Morgen des 21. Mai 1921

Polnische Aufständische weichen dem Angriff deutscher Sturmtruppen

Beutegeschütz der Batterie Spahn des Freikorps Oberland

MG-Zug der Sturmabteilung Heinz (Hauenstein)

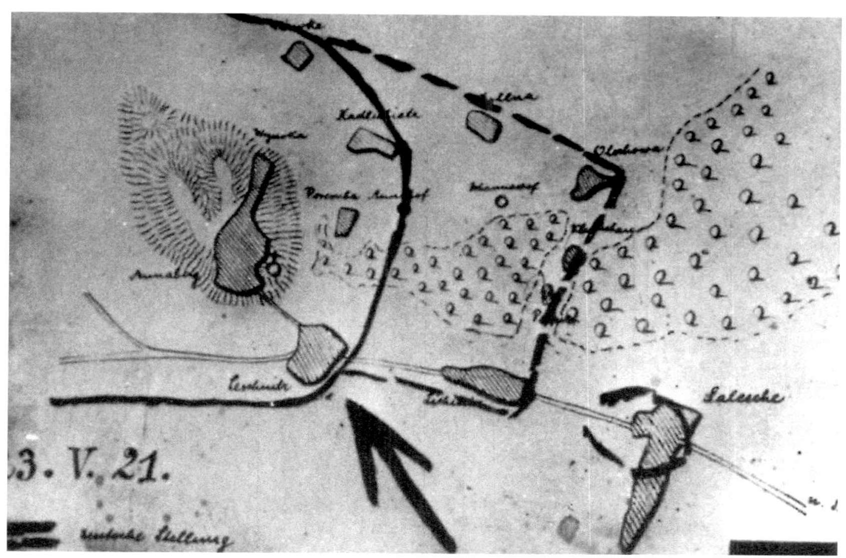

Lageskizze des Major Horadam zu den Kämpfen am Annaberg am 23. Mai 1921

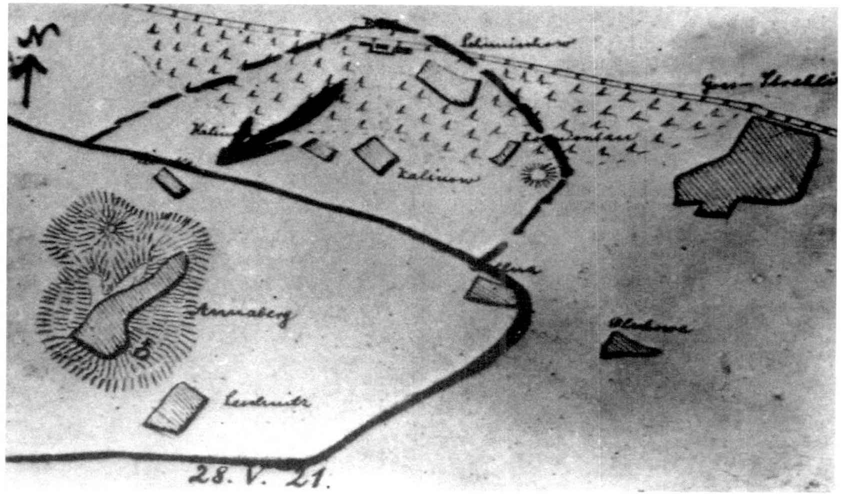

Lageskizze des Major Horadam zu den Kämpfen am Annaberg am 28. Mai 1921

Hauptmann Wild, Führer des Ortsschutzes in den befreiten Gemeinden zwischen Oder und Annaberg

Am 21. Mai 1921 um 4 Uhr früh griffen die Deutschen unerwartet aus Gogolin und Krappitz die Front unserer Gruppe Ost und den südl. Abschnitt unserer Gruppe Nord an. Die Deutschen griffen mit zwei Kolonnen an, von welchen die erste unter dem Namen "Chapius" aus drei ausgewählten Bataillonen bestand und ihren Angriff in Richtung Krempa und Jeschoma auf den Abschnitt der 1. Division der Aufständischen-Truppen des Major Ludyga-Laskowski ansetzte, während die zweite deutsche Kolonne " Horadam", die sich aus dem Bataillon Heintz und einem Teil der Gruppe "Oberland" zusammensetzte, die Ortschaften Strebinow und Dombrowka angriff.

In den ersten Augenblicken der Aktion gelang es den Deutschen, unsere vorgeschobene n Linien zu überraschen, jedoch wurde dem weiteren Vordringen der deutschen Abteilungen durch die alarmierten und sich selbständig bildenden Aufständischen-Abteilungen immer größerer Widerstand entgegengesetzt. Trotzdem, daß manche Bataillone vom Annaberg infolge der Umgruppierung zurückgenommen waren, gelang es in kurzer Zeit, alle notwendigen und zur Verfügung stehenden Aufständischen-Kräfte zu sammeln, um dieselben in diesem wichtigen Abschnitt in den Kampf zu werfen.

Zunächst wurden die angreifenden Deutschen zwischen Olszowiec ? und Wygoda aufgefangen, wobei sich in diesem Abschnitte ein für beide Seiten blutiger Kampf entwickelt hatte, welcher dank der tapferen Verteidigung der Aufständischen-Abteilungen der Gruppe Ost den Deutschen während des ganzen Tages keinen örtlichen Erfolg einbrachte.

Dagegen griff die deutsche nördliche Angriffsgruppe (Horadam) nach Einnahme der Ortschaft Strebinow mit zwei Abteilungen die Kalköfen von Gogolin und Dombrowka und gleichzeitig auch in Richtung Neuhof und Sakrau an. Diese Ortschaften wurden zwar von den Deutschen genommen, doch zwang der seitens des rechten Flügels unserer Mittelgruppe geführte Gegenangriff den Feind, sich mit diesem Erfolg zu begnügen. Doch leider nicht für lange! Die neuerlichen in den späten Abendstunden mit Hilfe der Gruppe Oberland durchgeführten deutschen Angriffe bedrohten den linken Flügel unserer Gruppe Bogdan mit einer

Deutsche Übersetzung der Ausführungen des Oberbefehlshabers der polnischen Aufständischen, Graf Maciej Mielzynski (Nowina Doliwa) aus einem 1931 erschienenen Buch »Erinnerungen und Beiträge zur Geschichte des III. oberschlesischen Aufstandes« zum Sturm auf den Annaberg.

Umfassung und zwangen unsere durch den ganztägigen Kampf ermüdeten Abteilungen zum Rückzug, so daß in der Nacht vom 21. zum 22. Mai 1921 die Frontlinie über Rokitsch-Leschnitz Klein-Stein und Groß-Stein verlief. An dieser Linie wurden die deutschen Angriffe während der Nacht seitens der Aufständischen aufgefangen und zurückgeschlagen.

Am Morgen des 22. Mai 1921 verstärkten die Deutschen ihre Kampftätigkeit in diesem ganzen Abschnitt und führten außerdem Ablenkungsangriffe in den Abschnitten der Gruppe Nord und Süd durch, um hierdurch wie am meisten die Aufständischenkräfte im Kampfe zu binden.

Gleichzeitig brachten die Deutschen über die offene Grenze mit den verschiedensten Transportmitteln neue Reserven nach Krappitz und Ottmuth heran, von wo sie dieselben in den entsprechenden Abschnitten einsetzten. Auf demselben Wege führten sie mit Hilfe verschiedenster mechanischer Fahrzeuge, welche sie zur Verfügung hatten, Munition, Geschütze und Minenwerfer herbei.

Um 10 Uhr früh war es bereits klar, daß der Angriff der Deutschen in Richtung des Annabergs eine entscheidende Bedeutung haben würde. Die Front der Aufständischen wurde Süden durch das 1. J.R. unter dem Kommando des Fajkis d des Ratepi-Pitery gehalten. Im Norden leisteten zwei npanien und ein S.M.G.-Zug des 8.J.R. den Angriffen des indes Widerstand.

Einen erbitterten Widerstand stellte den Deutschen der npanieführer Kawa an der Spitze seiner verwegenen Aufändischen entgegen.

Die Deutschen bildeten drei Angriffskolonnen und betzten nach schweren Kämpfen unter Anwendung von Handgraten, Minenwerfern und Artilleriefeuer die Waldlisiere n Wyssoka, obwohl sich, wie Hülsen schreibt- " die Gegner isichtig verteidigten." Diesen Abschnitt verteidigten ım 2 Kompanien Aufständischer des 8. Rybniker Regiments .t zwei M.G.-Zügen.

Ungefähr um 13 Uhr besetzten die Deutschen Annaberg.)er diese Kämpfe schreibt ein gewisser deutscher Offi-.er, der die ganze Hölle von Verdun mitgemacht hatte und . Flandern mehrmals verwundet wurde,wie folgt: " es stan- n uns im Kampfe nicht Menschen gegenüber, sondern irgend-lche Höllenmaschinen, die noch vor dem Tode in einer t Transe-Zustand geradezu automatisch handelten." - ner dieser leibhaften Teufel stürzte sich selbst schon ehrmals mit dem Seitengewehr durchbohrt, auf eine Grup- bärenstärker Bayern und erschlug mit dem Gewehrkolben rei hiervon, bevor er selbst verstarb."

In der gleichen Zeit erkämpfte die deutsche Gruppe des Grafen Strachwitz nach schweren Kämpfen den Familienbesitz seines Kommandeurs-Gross und Klein-Stein.

Es sah sich dies tatsächlich wie eine wirkliche Farce an, wenn man bedenkt, daß unsere Aufständischen ein jedes Stückchen der ihnen teuren Heimaterde verteidigten, wobei

Der am 23. Mai 1921 bei Olschowa gefallene Leutnant Bernhard Lüdemann – Freikorps Oberland

Eine Gruppe der 5. Kompagnie mit Lt. Zimmermann, die als erste in Leschnitz eindrang

Der Brigaedommandeur Oberst Graf Magnis besichtigt das Bataillon Bergerhoff (Schwarze Schar) auf dem Marktplatz in Leschnitz

Grabmal für 21 gefallene Freiwillige auf dem Friedhof zu Leschnitz

Straßenpatrouille im befreiten Salesche

Reserven der Aufständischen bei Klodnitz am 22. Mai 1921

Sperrung der oberschlesischen Grenze.

Die polizeilichen Maßnahmen zur Sperrung der oberschlesischen Grenze sind durchgeführt. Die Grenze ist gesperrt. Das preußische Ministerium des Innern entsandte neun Hundertschaften Schutzpolizei an die Grenze, welche den Eintritt von Bewaffneten aus Deutschland verhindern und aus Oberschlesien zurückkehrende Bewaffnete entwaffnen soll.

Um eine Unterlage für die nachdrückliche Unterbindung der Bildung von Freikorps und anderen Freiwilligen-Verbänden für Oberschlesien in den anderen Teilen des Reiches zu geben, hat der Reichspräsident, wie amtlich gemeldet wird, auf Antrag des Reichsministeriums in Ergänzung der bestehenden Strafbestimmungen eine besondere Verordnung erlassen. Danach wird mit Geldstrafe oder Gefängnis bestraft, wer es unternimmt, ohne Genehmigung der zuständigen Dienststellen Personen zu Verbänden militärischer Art zusammenzuschließen, oder wer an solchen Verbänden teilnimmt. Auch jede Art der Geldunterstützung solcher Unternehmungen ist danach strafbar, ebenso die Werbung und die Aufnahme von Werbeinseraten in der Presse. Die Verordnung bezieht sich auf das ganze Reich mit Ausnahme des Abstimmungsgebietes selbst, in dem die Verwaltung den Alliierten zusteht, denen auch die Regelung des Selbstschutzes dort unterliegt.

Die Verordnung des Reichspräsidenten, die vom heutigen Tage datiert ist, hat folgenden Wortlaut:

„Auf Grund des Artikels 48 der Verfassung des Deutschen Reiches verordne ich zur Wiederherstellung der öffentlichen Sicherheit und Ordnung für das Reichsgebiet folgendes:

§ 1. Wer es unternimmt, ohne Genehmigung der zuständigen Dienststellen Personen zu Verbänden militärischer Art zusammenzuschließen, oder wer an solchen Verbänden teilnimmt, wird mit Geldstrafe bis zu 100 000 M. oder mit Gefängnis bestraft.

§ 2. Diese Verordnung tritt mit dem Tage ihrer Verkündung in Kraft.

Berlin, 24. Mai 1921.

Der Reichspräsident:
gez. Ebert.

Der Reichskanzler:
gez. Dr. Wirth.

Der Reichsminister des Innern:
gez. Dr. Gradnauer.

Reserven des III. Bataillons Oberland dringen in Kalinow ein

Auszug aus dem Gefechtsbericht der Gruppe Oberland des Selbstschutzes O.S. über das Gefecht bei Kalinow.

.... um den unmittelbar bevorstehenden und mit starken Kräften geplanten feindlichen Angriff aus Linie Kalinowitz=Kalinow=Rosniontau=Groß=Strelitz zu zerschlagen, wurde in den Morgenstunden des ... Mai 1921 Kalinow durch umfassenden Angriff nach hartem Kampfe genommen. Verluste schwer, besonders bei Kompagnie Oberleutn. Springer, die den Kompagnieführer, sämtliche Zugführer und einen großen Teil der Kompagnie verlor. Besondere Erwähnung verdient das heldenhafte Verhalten des 17jährigen Fahnenträgers der Kompagnie, eines Gymnasiasten aus Breslau, der in seltener Kühnheit der stürmenden Kompagnie in heftigstem Feuer die Fahne vorantrug; zweimal verwundet, fiel er am Ortseingang durch Halsschuß. Die Vernichtung und Zersprengung des Gegners und der allgemeine Rückzug seiner Reserven bis Groß=Strelitz wurde durch Verfolgungspatrouillen festgestellt. Eine große Menge Kriegsmaterial wurde erbeutet. Noch größer war der moralische Erfolg des Tages, der zum erstenmal seit Kriegsende wieder deutsche Waffen im Kampfe siegreich sah.........

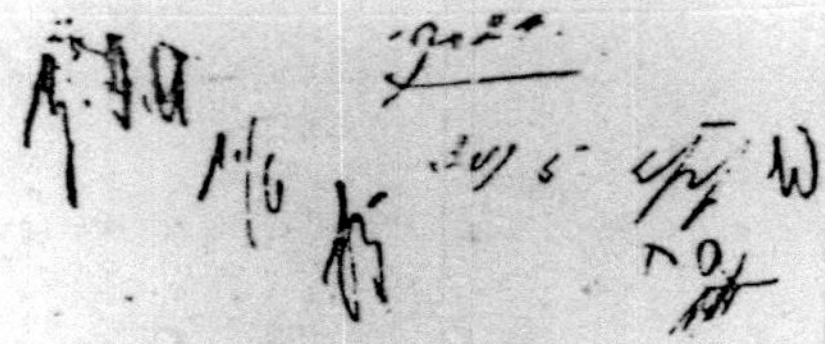

Selbstschutz Organisation
OBERSCHLESIEN
Gruppe OBERLAND.

An Gruppe SUED

Seit 2 Tagen wurden hier stets grössere polnische Angriffe auf den Annaberg, die täglich gemeldet, erwartet. Heute gegen 12 Uhr nachts begann der Gegner mit Minenfeuer aus Richtung Lenkau anzugreifen. Die Angriffe griffen auf die ganze Front über. Nachdem der Gegner bei Lenkau - Lichinia endgültig abgeschlagen war, setzte die Gruppe Oberland die Reserven zum Gegenstoss gegen Kalinow, aus dem der Feind am stärksten drängte, an. Der Feind, der seit 2 Tagen mit mindestens 8 Geschützen sich auf alle Punkte eingeschossen hatte, wich, gedeckt durch seine starke Artillerie, nur langsam zurück. In Kalinow hielt er sich sehr zäh, so dass die kürzlich erbeuteten Geschütze eingreifen mussten. Die Wirkung war infolge des jämmerlichen Zustandes, in dem sie sich befanden, nur mangelhaft.

4 Uhr früh war Kalinow u. Rossmiontan in unserer Hand. In Kalinow befanden sich vergangene Nacht allein 700 Mann Infanterie mit zahlreichen Maschinengewehren. Nach Aussagen von Gefangenen u. Einwohnern von Kalinow hatte der Gegner einen grossen Angriff mit 5 Regimentern aus [illegible]en auf heute angesetzt gegen Annaberg. Diese 5 Regimenter wurden durch den Gegenstoss der Reserven Oberlands, bestehend aus 2½ Kompg. im ganzen 180 Mann in alle Winde zerstreut. Die Feigheit der Polen war beispiellos. Ueber barbarische Aufführungsweise der Polen ergeht gesonderter Bericht.

Unsere Verluste sind, in Anbetracht des in Dunkelheit u. übereilt angesetzten Gegenstosses ziemlich beträchtlich, da die Truppen sehr häufig auf sich selbst schossen. Die Verluste des Gegners sind jedoch bedeutend grösser.

[illegible signature]

Meldung des Freikorps Oberland an Gruppe Süd über den Angriff auf Kalinow

Skizzen von Karl Diebitsch, Kompagnieführer der 2./I. Bataillon Oberland, später Kunstmaler und Professor

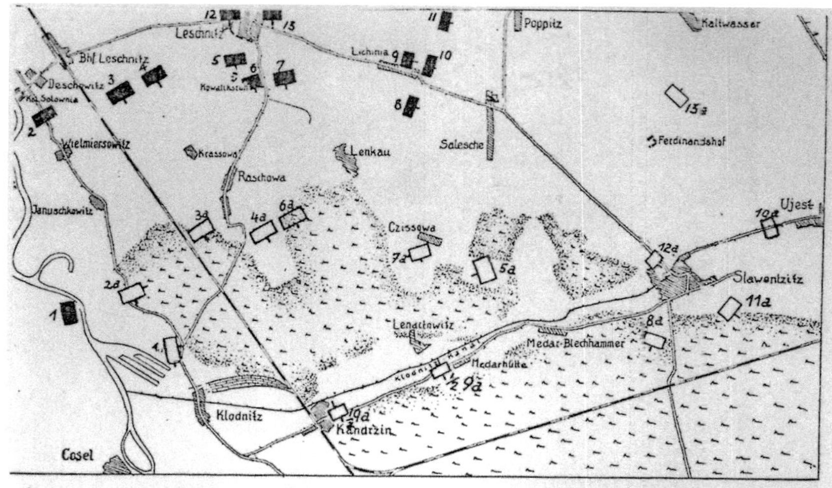

Übersichtskarte für die Kämpfe um Salesche — Slawentzitz — Kandrzin am 4. Juli 1921

1a: Selbstschutz-Bataillon May; — 2, 2a: Selbstschutz-Bataillon Marienburg; — 3, 3a: Selbstschutz-Bataillon Watzdorf; — 4, 4a: lbstschutz-Bataillon Gleiwitz (Buth); — 5, 5a: Selbstschutz-Bataillon Wendorf; 6, 6a: Selbstschutz-Bataillon Garnier; — 7, 7a: lbstschutz-Bataillon Bethusy-Huc; — 8, 8a: Selbstschutz-Bataillon Gogolin; — 9, 9a: I. Bataillon Freikorps Oberland; — 10a: Selbstschutz-Sturm-Bataillon Heinz; — 11, 11a: II. Bataillon Freikorps Oberland; — 12, 12a: Selbstschutz-Bataillon ßfurther; — 13, 13a: Selbstschutz-Bataillon Schwarze Schar (Bergerhoff)

Zeichnung: Roederer, Berlin

Oberst Graf Magnis,
Kommandeur der Brigade Magnis
in der Gruppe Süd

[illegible] O.U. Krappitz 3. 6. 9,30 Vorm
[illegible]

1. [illegible] der [illegible], die durch den [illegible] der [illegible] auf Leschnitz am 2. 6. ausgeübt hat, wird die Brigade am 4. 6. früh aus der Linie [illegible] - Lichinia nachstoßen.
[illegible] Erweiterung des Brückenkopfes Krappitz [illegible] und [illegible] bis an die Linie Salesche - Slawentzitz (zunächst ausschl.) - Klodnitz-Kanal [illegible] - [illegible].

2. Es gehen am 4. 6. vor:
Rgt. Oberland 2,30 vorm. mit dem östl. Flügel über Salesche - Slawentzitz (zunächst ausschl.) in Richtung Klodnitz Kanal. Trennungslinie nach Westen: Wiesenhof (einschl.) - Czissowa (ausschl.)

Rgt. Martin 2,30 vorm. in breiter Front in sich gestaffelt in südl. Richtung zunächst bis zum Abschnitt Januschkowitz - Raschowa - Lenkau (ausschl.). In Lenkau, dessen Südrand nach erfolgtem Durchschreiten vom Regiment Irmer zunächst schwach besetzt bleibt, ist vom Rgt. Martin Anschluß zu halten.

3. Rgt. Oberland hat den Stoßflügel, es hat die Linie Salesche - Slawentzitz (zunächst ausschl.) Klodnitz Kanal - Kuschnitzka (ausschl.) - Kandrzin (ausschl.) zu erreichen und zu halten. Bei günstigem Verlaufe des Angriffes, kann Slawentzitz nach eigenem Ermessen des Rgts. Kdrs. Oberland in die Brückenkopfstellung einbezogen werden.

Rgt. Irmer begleitet und verstärkt den Stoß vom Rgt. Oberland in der westl. Flanke und hat den weiteren Auftrag, die in Aussicht genommene Brückenkopfstellung in Linie Oder - Kuschnitzka - Kandrzin zu schließen.

Rgt. Martin hat die Aufgabe durch seinen Angriff möglichst viel feindl. Kräfte zu fesseln, um ihr Ausweichen in südl. Richtung zu hindern.

4. Pion. Komp. Kagelmann hat in Gegend von Deschowitz eine Brücke über die Oder zu schlagen.

5. Das zwischen Cosel und Deschowitz westl. der Oder stehende Btl. May hat den Vorstoß der Brigade durch Flankenfeuer zu unterstützen. Das Btl. ist ferner entsprechend dem Fortschreiten des Vorstoßes [illegible] zusammenzuziehen und über die Oder zu setzen. Die übergesetzten Teile werden dem Rgt. Martin unterstellt.

6. Zu meiner Verfügung stehen bereit:
Btl. Bergerhoff, Btl. Wendorff, 10 Radfahrer der Abt. v. Richthofen am 4. 6. um 4 Uhr vorm. am Nordrand von Leschnitz. Die Btls. Kdre Bergerhoff und v. Wendorff, sowie der Führer der 10 Radfahrer melden sich 4,0 vorm. am Südost-Ausgang von Leschnitz bei mir.

7. und 8. Munition und Verwundete s. Gruppenbefehl Nr. 5 u. 6.

9. Ich befinde mich am 3. 6. von 10 Uhr abends ab in der Freivogtei Leschnitz, am 4. 6. von 2,30 vorm. ab am Ausgange von Leschnitz nach Lichinia.

10. In Ujest sind Franzosen. Ein Vorstoß bis über den Ostrand von Slawentzitz hinaus (auch mit Patrouillen) ist unbedingt zu vermeiden.

Verteiler [illegible]. gez. Graf Magnis.

<u>Truppeneinteilung</u>

Rgt. Oberland: II. und III. Oberland, Btl. v. Frobel, Btl. Heinz, Rdf. Abt. v. Richthofen, Battr. [illegible]

Rgt. Irmer: Btl. v. Garnier, Btl. Grf. Bethusy, Battr. Schmidt (2 s.F.H.)

Rgt. Martin: Btl. v. Watzdorf, Btl. Lensch, Btl. [illegible], Btl. Nilson, Panzerzug [illegible].

Der Brigade unmittelbar unterstellt:
Btl. Bergerhoff
" v. Wendorff
" May (tritt später zu Rgt. Martin.)
Pion. Komp. Kagelmann

Verteiler [illegible]. gez. Graf Magnis.

Angriffsbefehl der Brigade Magnis vom 3. Juni 1921 zum Stoß auf Slawentzitz und Klodnitzkanal

Gruppe Oberland 3. 6. 1921.

Korps - Befehl.

1.) Gruppe Oberland durchbricht am 4. 6. die polnischen Stellungen östlich der Linie Scharnosin - Lichinia und erreicht dann die Linie Kalinow - Dolna - Johannishof - Kluschau - Oberhof - Niederhof - Zlawentschitz - Klotnitz-Kanal entlang dem Klotnitz-Kanal bis Kunischka ausschließlich.

2.) Gefechtsaufgaben:

a.) Sturmfahne Siebringhaus mit einer leichten Feldkanone bleibt in seiner Linie und hat mit eigenen Kräften Linie Kalinow - Dolna - Johannishof ausschließlich zu halten. Major v. Siebringhaus selbst begibt sich nach Annaberg und teilt dem Korps-Gefechtsstab alle wichtigen Beobachtungen mit.

b.) Sturmfahne von Finsterlin, Sturmabteilung von Heinz und Sturmabteilung von Frobell durchbrechen zwischen Scharnosin - Lichinia die feindlichen Stellungen.

I.) Sturmfahne von Finsterlin stellt sich in Scharnosin bereit, linker Flügel über Johannishof, rechter Flügel nördlich der Mühle 1500 m südlich Scharnosin. Zu erreichende Linie: Johannishof - Kluschau - Oberhof.

II.) Sturmabteilung von Heinz stellt sich zwischen der Mühle, 1500 m südlich Scharnosin und Nordrand Lichinia, zum Angriff bereit. Es ist vor allem Nordrand von Salesche durch kräftigen Stoß zu nehmen. Zu erreichende Linie Mittelhof ausschließlich - Niederhof, rechter Flügel - Malekow. Gros Südostrand Salesche.

III.) Sturmabteilung von Frobell stellt sich am Ostrand von Lichinia zum Angriff auf Salesche bereit. Rechter Flügel über Wiesenhof. Zu erreichende Linie:

Linker Flügel Malekow - rechter Flügel Südrand Salesche - Gros Südteil von Salesche. Über weiteres Vorgehen der Bataillone von Finsterlin, Heinz und Frobell erfolgt mündlicher Befehl.

c.) Sturmfahne Österreicher und Radfahrkompanie von Richthofen erreichen 2.30 Uhr vormittags Marktplatz von Leschnitz.

d.) Artillerie nach mündlicher Weisung.

e.) Antreten aller Abteilungen erster Linie am 4. Juni, 2.30 vormittags, ohne besondere Angriffszeichen.

f.) Gefechtsstand der Gruppe "Oberland" ab 2 Uhr vormittags Westrand Lichinia.

g.) Leuchtzeichen: Artillerie wird mit roter Leuchtpatrone angefordert. Abteilungen Heinz und Frobell melden die Einnahme Salesches durch Abschießen von weißen Leuchtkugeln.

h.) Feldküchen sämtlicher Bataillone sammeln 3.30 Uhr vormittags am Marktplatz in Leschnitz. Meldung beim Verpflegungsoffizier der Sturmfahne Österreicher. Die übrige Baggage der Truppen bleibt bis zum Abschluß der Kampfhandlungen in den Quartieren vom 3. und 4. dieses Monats.

i.) Munitionsempfang Marktplatz in Leschnitz bei Oberleutnant Fuhrmann vom Korpsstab Oberland.

k.) Über Verpflegungsempfang ergeht rechtzeitig Anweisung.

l.) Verwundetensammelstelle Freivogtei Leschnitz.

m.) Jeder Zusammenstoß mit Franzosen hat zu unterbleiben.

F.d.R. Römer gez. Horadam.

Korps-Befehl des Freikorps Oberland

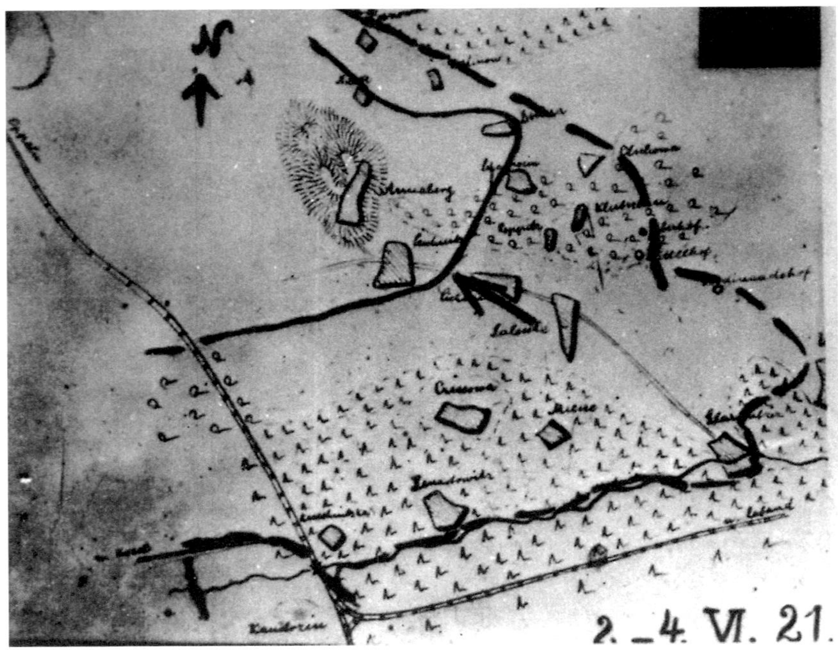

Lageskizze des Major Horadam zu den Kämpfen am Annaberg vom 2. bis 4. Juni 1921

Das Freikorps Oberland vor dem Angriff am 4. Juni 1921 in Leschnitz

Der Führer des I. Bataillons Oberland, Lulu Östreicher, in englischen Uniformstücken

Infanterie des Freikorps Oberland bei einer Marschpause

Gefechtspause nach dem Eindringen in Slawentzitz

Die Brücke von Slawentzitz, bei deren Einsturz die Radfahrerkompagnie v. Richthofen schwere Verluste hatte

Der Freiwillige Fridolin v. Spaun mit einer während einer Erkundung nordwestlich Ujest erbeuteten polnischen Fahne

Geschütz der Batterie Lembert des Freikorps Oberland

Feldkanonen bei Slaventzitz.

Wie all die vergangenen Tage her, brannte auch am 4. Juni 1921 die Sonne mit glühenden Strahlen schon am frühen Morgen auf die stürmenden Oberländer.

Kurz nach 2.00 früh wurde Salesche im schwungvollen Anlauf genommen. Der 2. Zug der Sturmbatterie unterstützte den Angriff und hatte Befehl zum Sturmbataillon Oesterreicher vorzustoßen. Bei dem Mangel an Bespannungen und Fahrzeugen war das rasche Vorrücken mit einigen Schwierigkeiten verbunden. Die Zugpferde waren bockig, weder zugeritten oder eingefahren, die Sattelpferde hatten keine Sättel und bei der ganzen Beschirrung fehlte es an allen Ecken und Enden. Dabei mußten auf den beiden Geschützen und Munitionswagen außer der Munitionsreserve, dem Scherenfernrohr und den Richtkreisen noch die ganze Maschinengewehr-Begleitmannschaft mit 2 schweren und 4 leichten Maschinengewehren untergebracht werden. — Daß die Geschütze und Munitionswagen mehr Zigeunerwägen als Kampffahrzeugen ähnelten, dürfte nicht Wunder nehmen. Und trotzdem mußte und wurde fest Trab gefahren. Ich hätte ja nicht auf dem Geschützrohr reiten oder meine vier Buchstaben auf der scharfen Kante eines Geschützschildes plazieren mögen. Aber Keiner wollte zurückbleiben, jeder dabei sein.

In Slaventzitz vereinigte sich der Geschützzug mit dem Sturmbataillon, kam mit viel Glück über die angesprengte Klodnitzbrücke, deren Bogen fast unmittelbar darauf in die Tiefe stürzte, über 30 tapfere Mannen einer schlesischen freiwilligen Kompagnie unter ihren Trümmern begrabend.

Am Ortsausgang tobte noch der Kampf. Endlich: Artillerie vor zur Unterstützung der Infanterie. Eine schlesische Kompagnie war beim Vorgehen auf das Wäldchen gegen Ujest in harte Bedrängnis geraten und kam in Gefahr aufgerieben zu werden. — Die örtlichen Verhältnisse verlangten das ziemlich offene Vorgehen eines Geschützes im feindlichen Infanterie- und Maschinengewehrfeuer an den Ortsrand von Slaventzitz. Schon auf halbem Wege prasselten die Geschosse an das Schutzschild. Der Maschinengewehr-Begleitzug hatte schon vorher in nächster Nähe in den Kampf eingegriffen. —

Aus Feld-, Fuß-, Marine- und Gebirgsartilleristen war die Mannschaft zusammengesetzt, aber der gute Wille ließ jeden auf die kurzen Kommandos horchen und keuchend gings im Laufschritt, ohne Verluste, an den Ortsrand. Etwa 150 Meter gegenüber lagen die Pollacken. — Erst hier wurden die ersten Blutopfer gefordert, die ersten der Sturmbatterie. —

„Aufsatz tief, Richtung x. x.", doch ehe noch das Kommando „Schuß" erfolgen konnte, mähte eine Geschoßgarbe halbflankierender feindlicher Maschinengewehre fast die ganze Geschützbedienung hinweg. Nur ein junger, erst 19jähriger Münchener Oberländer, der als Munitionskanonier eingeteilt war, und der vollkommen ungedeckt stehende Zugführer blieben wie durch ein Wunder verschont. Blitzschnell waren die Verwundeten weggeräumt und geborgen. Die beiden Ueberlebenden konnten das Feuer eröffnen. Schon der 2. Schuß saß am Waldrand zwischen 2 feindlichen Maschinengewehren und in einigen Minuten harter Arbeit mit den sofort herbeigeeilten Reserven, meist Diessenern, war nicht nur der Infanterie die heiß ersehnte Luft zu weiterem Vordringen geschaffen, sondern waren auch die Kameraden vom Geschütz gerächt. —

Die s. Zt. beteiligten Kameraden werden sich bei dieser Gelegenheit gerne wieder des schwerverwundeten Geschützführers Vizewachtmeister Sklady erinnern. — Er war kein ganz Junger mehr, schon über 40 hinaus, und hatte daheim Weib und Kind. Auch den oberschlesischen Volksschullehrer trieb die Not seiner engeren Heimat nach 4 harten Kriegsjahren nochmals zur Waffe für Volk und Vaterland. Auf seine Bitte, während des Vorgehens als Richtkanonier eingeteilt zu werden, warfen ihn 4 Oberschenkelschüsse vom Richtsitz. Blutüberströmt lag er im nächsten Haus, sein ganzes Sinnen gehörte dem Geschütz, und erst als der erste Schuß das Rohr verließ, brach seine Energie zusammen. — Als ihn nach Einstellung des Feuers sein Zugführer aufsuchte, dankte er ihm tief ergriffen dafür, daß er seinen Platz am Richtsitz ersetzte und erstattete noch Bericht, daß er im Augenblick kurz vor seiner Verwundung vollkommen klar und deutlich an den feindlichen Maschinengewehren Franzosen in ihrer grauen Uniform erkannte. Skladny war ein vorbildlich treuer Soldat und Kamerad.

Leutnant Span.

Bericht des Lt. Span von der Batterie Lembert des Freikoprs Oberland

Die Spitze des Selbstschutzbataillons Gogolin auf dem Vormarsch. An der Spitze rechts der Führer des Bataillons, Oberleutnant von Frobel, links daneben Leutnant von Eicken

Hauptmann a. D. Peter von Heydebreck, gestorben am 30. Juni 1934

Hauptmann Peter von Heydebreck, Führer des Bataillons v. Heydebreck

Ärmelabzeichen des Bataillons v. Heydebreck. Es nahm am 5. Juni 1921 den Bahnknotenpunkt Kandrzin

Arbeitspause der Pionierkompagnie Kagelmann an der gesprengten Straßenbrücke in Pogerzelletz

Tagesbefehl!

In Abwehr unaufhörlicher Angriffe der poln. Aufrührer auf das Gebiet des Annaberges und, um die altehrwürdige Feste Cosel vor dem Eindringen der Korfanty-Banden zu bewahren, haben am 4. Juni die Selbstschutzverbände der Gruppe Süd wertvolles deutsches Gelände in glänzend angelegtem und durchgeführtem Kampf den polnischen Räubern entrissen.

Endlich fanden sie dadurch die langersehnte Gelegenheit, den Insurgenten zu strafen für die Frechheit, mit der er solange schon ungesühnt wertvolles deutsches Land knebelt und unsere Linien bedroht. Ich spreche Führung und Truppe für die Leistung des 4. Juni Anerkennung und Dank aus.

Oberglogau, den 5. Juni 1921.

Hoefer,
Generalleutnant
und Führer des S. S. O.-S.

Anerkennung der Oberleitung für die Angriffserfolge der Gruppe Süd am 4. Juni 1921

Übersetzung.

Interalliierte Regierungs- und Plebiszit-Kommission Oberschlesiens.

Die Interalliierte Regierungskommission Oberschlesiens legt es dem General Hoefer, nachdem sie von dem deutschen Vormarsch in der Gegend von Ujest Kenntnis genommen hat, auf, seine Truppen auf die Linie Leschnitz Bhf.—Leschnitz-Stadt—Dollna zurückzuziehen. (Diese Ortschaften verbleiben den Truppen des Generals Hoefer.) Falls die ersten Bewegungen der Ausführung als Folge dieser Benachrichtigung nicht innerhalb der nächsten 12 Stunden nach der vorliegenden Notifikation begonnen sind, so wird die Kommission diejenigen Maßnahmen treffen, die den Inhalt der Benachrichtigung ausmachen, die Herrn von Moltke am 21. Mai zugegangen ist, nämlich Maßnahmen, welche die Evakuation der alliierten Garnisonen, die z. Zt. die Städte des Industriegebietes besetzt halten, mit sich bringen. Die Kommission gibt andererseits bekannt, daß sie den polnischen Insurgenten verbietet, die Räumlichkeiten, welche sie seit dem Abend des 3. Juni geräumt haben, wieder zu besetzen.

Oppeln, den 4. Juni 1921.
Zeit 15.

Der Vertreter Italiens:
gez. A. de Marinis.

Der Vertreter Frankreichs:
Präsident gez. le Rond.

Der Vertreter Groß-Britanniens:
gez. Harold Stuart.

Die Interallierte Komission droht den Abzug der alliierten Truppen aus den Industriestädten an

O.-L. Hoefer
Ia Nr. 125.

Oberglogau, den 6. Juni 1921.

Befehl.

Auf Grund einer Vereinbarung mit dem Oberbefehlshaber der englischen Streitkräfte in Oberschlesien befehle ich für das taktische Verhalten des Selbstschutzes bis auf weiteres folgendes:

1. Die eigene Stellung ist unbedingt zu halten. Jeder Angriff auf sie ist kräftig abzuschlagen.
2. Jede eigene Angriffstätigkeit hat zu unterbleiben.
3. Erscheint zur Abwehr feindlicher Offensiv-Maßnahmen ein geplanter Angriff nötig, so ist die Genehmigung dazu bei mir einzuholen.
4. Sind beim Feinde Maßnahmen erkennbar, die auf einen Angriff hindeuten oder werden diesbezügliche Nachrichten bekannt, so ist dies sofort auf schnellstem Wege hieher zu melden.
5. Patrouillen zur Beobachtung des Feindes dürfen nach wie vor gegangen werden.
6. Angesichts des Ernstes der Lage, in der wir uns befinden und von der nicht nur die Zukunft Oberschlesiens, sondern auch die des Reiches in hohem Maße abhängt, mache ich es sämtlichen Führern zur ernsten Pflicht, ihren Untergebenen vorstehenden Befehl sofort in eindringlicher Weise zur Kenntnis zu bringen und seine Durchführung mit aller Strenge zu überwachen.

gez. **Hoefer**, Generalleutnant und Führer des S. S. O.-S.

Befehl zur Einstellung jeder eigenen Angriffstätigkeit

Korfanty betont in einem Aufruf, der sein Unterwerfungsangebot dementiert, daß der Ring der Aufständischen sich von Tag zu Tag enger um die Städte zusammenschließe, so daß infolge des unausbleiblichen Hungers in den Städten selbst bald schwere innere Wirren ausbrechen müßten. Weiter heißt es in ihm:

„Wenn die durch die deutschen Chauvinisten aufgestachelten Orgesch-Banden über die offene Grenze aus Deutschland in Oberschlesien eindringen und den Kampf gegen die um ihre Freiheit kämpfenden Arbeiter und Bauern aufnehmen, werden unsere Leute von einer verzweifelten Wut erfaßt werden, daß kein Mensch, auch nicht unser Exekutivkomitee, auch nicht wir Unterschriebenen, sie werden im Zaune halten können. Das wird unberechenbare Folgen nach sich ziehen, wird unser Streben nach Wiederbeleben des Wirtschaftslebens Oberschlesiens unmöglich machen, und wird ein Unglück für die oberschlesischen Städte bedeuten. Oberschlesien wird sich in einen Trümmerhaufen verwandeln. In Eurem eigenen Interesse und im Interesse der ganzen Bevölkerung fordere ich Euch auf, den Kampf um die Wiederbelebung des Handels und der Industrie aufzunehmen. Fordert von den Vertretern der I.K., daß sie die Städte in die Hände des polnischen Volkes, das um seine Freiheit kämpft, übergebe. Nur auf diese Art können Eure Städte vor Unheil bewahrt bleiben. Ergreift die sich bietende Gelegenheit zur Verständigung, reicht uns die Bruderhand und laßt nicht zu, daß die Ordnung gestört wird."

Drohungen Korfantys nach den polnischen Niederlagen

Oberglogau, den 6. Juni 1921.

Hochzuverehrender Herr General! (Hennecker.)

Von anliegender Abschrift meines Befehls, den ich auf Grund unserer heutigen Unterredung an die Selbstschutzverbände gegeben habe, bitte ich Kenntnis zu nehmen.

Ich möchte diese Gelegenheit benutzen, um Sie, Herr General, erneut und mit aller Eindringlichkeit darauf hinzuweisen, mit welcher Ungeduld der Selbstschutz und die gesamte oberschlesische Bevölkerung die sofortige Beendigung der gesetzlosen Zustände erwartet. Ein Besuch bei in vorderer Linie liegenden Selbstschutz-Formationen zeigte mir heute nachmittag wieder mit bedrohlicher Deutlichkeit, daß die Truppe den nun schon 5 Wochen anhaltenden Zustand der Tatenlosigkeit nicht mehr lange ertragen wird.

Berufene Vertreter der Bevölkerung haben mir unzweideutig heute abermals den gleichen Standpunkt mit aller Schärfe zum Ausdruck gebracht. Ganz besonders scharf ist dabei der Gedanke, daß von seiten der I.K. überhaupt Verhandlungen mit den polnischen Insurgenten geführt werden könnten, abgelehnt worden.

Ich werde trotzdem meine Zusicherung, zunächst auf offensive Maßnahmen zu verzichten als einseitige Verpflichtung meinerseits aufrecht erhalten, einerlei, ob eine solche Bindung auch bei den Insurgenten eintritt. Wenn diese etwa auf dem Verhandlungswege nicht durch Befehl oder Zwang versucht werden sollte, so müßte ich diesen Weg des Verhandelns mit den Rebellen, der auch im offenen Widerspruch zu den bisherigen Zusicherungen der I.K. steht, auf das entschiedenste ablehnen.

Ich hielt es für meine Pflicht, Sie hierauf und auf die außerordentliche Spannung der gegenwärtigen Lage nochmals mit allem Nachdruck aufmerksam zu machen.

Genehmigen Sie, Herr General, den Ausdruck meiner vorzüglichen Hochachtung.

gez. Hoefer
Generalleutnant a. D.

Schriftliche Verhandlungen mit dem Befehlshaber der englischen Besatzungstruppen, die sich zwischen den Selbstschutz und die Aufständischen einschoben

Oberglogau, den 11. Juni 1921.

An

Herrn General Henneker.

Aus der mir durch meinen V.O. übermittelten Abschrift eines Schreibens des französischen Generals Gratier an den Kommandanten der italienischen Truppen vom 9. Juni habe ich zu meinem lebhaften Erstaunen ersehen, daß von alliierter Seite mit den Insurgenten eine „Convention" abgeschlossen zu sein scheint. Ich muß nochmals betonen, daß ich Verhandlungen mit den Insurgenten niemals anerkennen kann.

Aus dem Schreiben geht ferner hervor, daß dem deutschen Selbstschutz die Räumung der Vororte von Ratibor Ostrog und Plania zugemutet wird.

Eine mir ebenfalls heute vom französischen General Gratier zugeschickte Karte läßt erkennen, daß von dem Selbstschutz ebenso wie von den Insurgenten Räumung Oberschlesiens verlangt wird. — Ich habe der I.K. gegenüber in meinem Schreiben vom 31. 5. betont, daß ich es ablehnen muß, den Selbstschutz aus seinen jetzigen Stellungen zurückzuziehen, bevor der Rechtszustand in Oberschlesien wiederhergestellt ist. Die Aufforderung zur Räumung trägt weder der Rechtslage noch dem Rechtsempfinden meiner Kameraden und der übrigen deutschgesinnten Bevölkerung Oberschlesiens Rechnung und ist undurchführbar. Sie stellt den in berechtigter Notwehr handelnden Selbstschutz den polnischen Insurgenten gleich. Der Selbstschutz sieht seine Aufgabe erst als erfüllt an, wenn die polnischen Insurgenten aus Oberschlesien vertrieben und die nötigen Garantien für Leben und Eigentum der Bevölkerung sichergestellt sind.

gez. Hoefer

Generalleutnant und Führer des Selbstschutzes Oberschlesien.

Oberglogau, den 12. Juni 1921.

An

Herrn General Henneker.

Bezugnehmend auf unsere Unterredung vom 11. 6. abends habe ich die Ehre, folgendes mitzuteilen.

Infolge der fortdauernden Bedrohung von Ratibor sind auf wiederholtes dringendes Bitten der dortigen Bevölkerung Selbstschutzverbände im Raume westlich und nordwestlich Ratibor versammelt. Die Maßnahme geschah lediglich zur Beruhigung und Sicherung der Bevölkerung.

Sollte der Pole die Bedrohung von Ratibor fortsetzen, so werde ich die ungefähre Linie: Hohenbirken—Dobitsch—Markowitz besetzen lassen.

Übersetzung! Oppeln, den 12. 6. 1921.

An General Hoefer!

Auf Ersuchen von General Gratier überreiche ich hier eine Karte mit den Linien, bis zu welchen die Polen am 12. und 14. Juni sich verpflichtet haben, zurückzugehen (have undertaken to retire), die blaue Linie zeigt den Rückzug für den 12. und die rote für den 14. General Gratier wünscht, Sie zu ersuchen:

1. daß Sie auf die Polen während ihres Rückzuges keinen Angriff machen und,
2. daß Sie als Beweis Ihres versöhnlichen Geistes und, wenn Sie wünschen, die Aufgabe der Kommission zu erleichtern, die Höhe des Annaberges am 15. räumen. Die Besetzung dieser Höhe bedeutet eine Bedrohung der Polen, so daß diese nicht zustimmen können, zurückzugehen, so lange diese Höhe durch Ihre Kräfte gehalten wird.

Ich wäre sehr verbunden, wenn Sie mir durch Baron von Plessen sobald wie möglich eine schriftliche Antwort zugehen lassen würden.

Henneker,
Generalmajor und Befehlshaber der britischen Streitkräfte in Oberschlesien.

O.L. Hoefer
Ia 217 Oberglogau, den 12. Juni 1921.

An General Henneker!

Der mir heute durch Herrn von Plessen übermittelte Vorschlag bedeutet für den Selbstschutz eine noch größere Zumutung als die bisherigen. Sachliche Gründe kann ich als vorliegend nicht anerkennen, denn eine Bedrohung der Polen vom Annaberge aus besteht nicht mehr, sobald die Insurgenten sich zurückziehen und der Selbstschutz, wie vereinbart, stehenbleibt. Ich persönlich habe daher keine Veranlassung, meine auf die früheren Vorschläge erteilte Antwort abzuändern.

Ich bin nach wie vor bereit, der J.K. zu helfen, wenn immer es sich darum handelt, die Insurgenten zur bedingungslosen Kapitulation zu zwingen. Eine Vertreibung im Verhandlungswege, wie er trotz wiederholter gegenteiliger Zusicherungen von seiten der J.K. z. Z. augenscheinlich beschritten wird, lehne ich ab. Im übrigen sind z. Z. seitens der politischen Parteien Verhandlungen eingeleitet worden, die für diese vorwiegend politische Frage von maßgebender Bedeutung sind, so daß ich vor endgültiger Stellungnahme das Ergebnis derselben abwarten muß.

Hoefer,
Generalleutnant a. D. und Führer des Selbstschutzes Oberschlesien.

Oberglogau, den 18. Juni 1921.

Herrn General Henneker.

Ich habe Sie, Herr General, immer wieder auf die Schwierigkeiten aufmerksam gemacht, den Selbstschutz in seiner jetzigen Stellung zurückzuhalten. Ich habe mich für die Durchführung der Ihnen gegebenen Zusicherung eingesetzt, in dem Vertrauen, daß die I.K. nun endlich dem unerträglichen Zustand der Gesetzlosigkeit ein Ende macht, worauf der Selbstschutz und die Bevölkerung diesseits und jenseits der polnischen Linien mit wachsender Ungeduld wartet. Es ist mir und den Vertretern der deutschgesinnten oberschlesischen Bevölkerung wiederholt von Ihnen bzw. der I.K. versichert worden, daß die Insurgenten zur zonenweisen Räumung bis 20. Juni gezwungen werden sollten. Verhandlungen würden nicht mit ihnen geführt. Es ist mir ferner noch am 11. 6. von Ihnen, Herr General, erklärt worden, die Räumungsaktion sei im Gange, und zwar unabhängig von etwaiger deutscher Gebietsaufgabe; da eine solche aber die Stellung der I.K. erleichtern würde, so sei ein Entgegenkommen deutscherseits im Interesse einer beschleunigten Räumung sehr erwünscht. Ich habe dieses Entgegenkommen durch Freigabe des Gebietes Slawentzitz—Dollna—Lenartowitz bewiesen.

Demgegenüber ist von einer wirksamen Räumung durch die Insurgenten nichts wesentliches zu spüren. Vor allem befindet sich das Industriegebiet, dessen Befreiung doch auch Ihrer Ansicht nach das erste und wichtigste Ziel der Befreiungsaktion sein müßte, noch immer völlig in der Hand der Insurgenten. Daß außerdem das bisher „befreite“ Gebiet von den Insurgenten durchaus nicht gesäubert ist, vielmehr vielfach von auf eigene Faust handelnden polnischen Banden heimgesucht wird, ist eine Tatsache, die zur Beruhigung des Selbstschutzes und der Bevölkerung nicht beiträgt.

Herr General, ich stelle zusammenfassend fest, daß, während der Selbstschutz bisher meine von mir Ihnen gegenüber eingegangenen Verpflichtungen in der vereinbarten loyalen Weise innegehalten hat, obwohl die Stimmung von Bevölkerung und Selbstschutz dafür wahrhaftig kein Verständnis hatte, von seiten der I.K. nichts wesentliches zur Befreiung des Landes vor allem des Industriegebietes erreicht ist.

Ich weise darauf hin, daß angesichts dieser Lage meine Stellung dem Selbstschutz und der oberschlesischen Bevölkerung gegenüber immer schwieriger wird.

Ich wäre dankbar, wenn ich bei diesem Ernst der Lage mit Ihnen, Herr General, nochmals eine Aussprache haben könnte.

gez. Hoefer
Generalleutnant und Führer des Selbstschutzes Oberschlesiens.

z. Z. Oppeln, den 19. Juni 1921.

Herrn General Henneker, Groß-Strehlitz.

Den mir gestern überreichten neuen Plan für eine zonenweise Räumung durch den Selbstschutz und die Insurgenten habe ich den Vertretern der deutschen politischen Parteien vorgelegt. Er ist von ihnen, wie alle vorherigen Pläne der gleichen Art, aus denselben Gründen wie diese abgelehnt worden. Diese Gründe sind von den politischen Führern wie von mir selbst schriftlich und mündlich der J.K. und Ihnen, Herr General, schon so oft auseinandergesetzt worden, daß es sich erübrigt, hier nochmals auf sie einzugehen.

Im Einvernehmen mit den Vertretern der politischen Parteien überreiche ich einen Gegenvorschlag, wie ihn anliegende Karte nebst Anlage ersichtlich macht (die Karte ist hier nicht beigefügt).

Uns leiteten bei der Aufstellung dieses Vorschlages folgende Gesichtspunkte:

Es handelt sich für den Selbstschutz lediglich um die Sicherheit der Bevölkerung, nicht um Landbesitz. Diese Sicherheit wäre erst gewährleistet, wenn ganz Oberschlesien geräumt und der Aufstand in allen Orten niedergeschlagen ist.

Da aber die J.K. glaubt, daß es zur schnelleren Erreichung dieses Zieles führt, wenn auch wir vom Selbstschutz befreites Land an die J.K. abgeben, so sind wir dazu bereit. Die Aufgabe von befreitem Gebiet können wir aber nur dann vor unserer Bevölkerung verantworten, wenn wir sie aus freiem Entschluß und nicht in erzwungenem Gegenspiel mit den Insurgenten durchführen und wenn die J.K. durch ihr Vorgehen der Bevölkerung die Gewißheit gegeben hat, daß ganz Oberschlesien, insbesondere auch das Industriegebiet, befreit und in sicheren Schutz genommen wird.

Dazu genügt die in dem Räumungsplan des Generals Gratier gezogene, bis Gleiwitz reichende Linie nicht, da Gleiwitz nur den Eingang zum Industriegebiet bedeutet. Das erste Ziel muß unbedingt weiter in das Herz dieses Gebietes verlegt werden.

Wenn dieses Ziel erreicht ist, dann wollen wir freiwillig und viel großzügiger, als es der letzte Räumungsplan vorsieht, den territorialen Abbau vornehmen.

Darüber hinaus werden wir mit dem inneren Abbau unseres Selbstschutzes beginnen, sobald nicht nur die extensive, sondern auch die intensive Säuberung Oberschlesiens sichtbare Fortschritte macht. Eine wesentliche Gewähr hierfür erblicken wir ganz besonders in der Errichtung einer einwandfreien Polizei und in der völligen Beseitigung der von den Insurgenten eingeführten Verwaltung.

Indem ich Ihnen, Herr General, diesen Vorschlag unterbreite, möchte ich der Hoffnung Ausdruck geben, daß, nachdem die J.K. auf die Bedingungen der Insurgenten so weitgehend Rücksicht genommen hat, auch unseren Wünschen das Entgegenkommen bewiesen wird, auf das wir nach der Rechtslage in weit höherem Maße Anspruch haben.

gez. Hoefer.

Oberglogau, den 26. Juni 1921.

Herrn General Henneker.

Am 25. Juni mittags habe ich den in der vorhergehenden Nacht erhaltenen Räumungsvorschlag der J.K. unterzeichnet. In der Nacht zum 26. ist mir ein abgeänderter Vorschlag übermittelt worden. Danach soll die Pause am X + 1. Tage in Fortfall kommen. Zweck und Absicht dieser Änderung vermag ich nicht zu würdigen. Ich unterzeichnete aber in dem Bestreben, nun endlich die Verhandlungen über die Räumung zum Abschluß zu bringen und dadurch den Leiden der Bevölkerung ein Ende zu bereiten. Ich gebe meine Unterschrift nur deshalb, weil Sie, Herr General, mir erneut die Versicherung abgegeben haben, daß die Räumung durch den deutschen Selbstschutz erst dann zu beginnen hat, wenn von Ihnen bestätigt wird, daß die polnischen Insurgenten die erste von ihnen zu räumende Zone endgültig freigemacht haben.

Ich bitte Sie, vorstehendes zur Kenntnis der J.K. zu bringen.

gez. Hoefer.

*Hauptmann Kosch,
Führer des Bataillons Kosch*

*Mannschaften des
Bataillons Oderschutz
an einer SMG-Stellung*

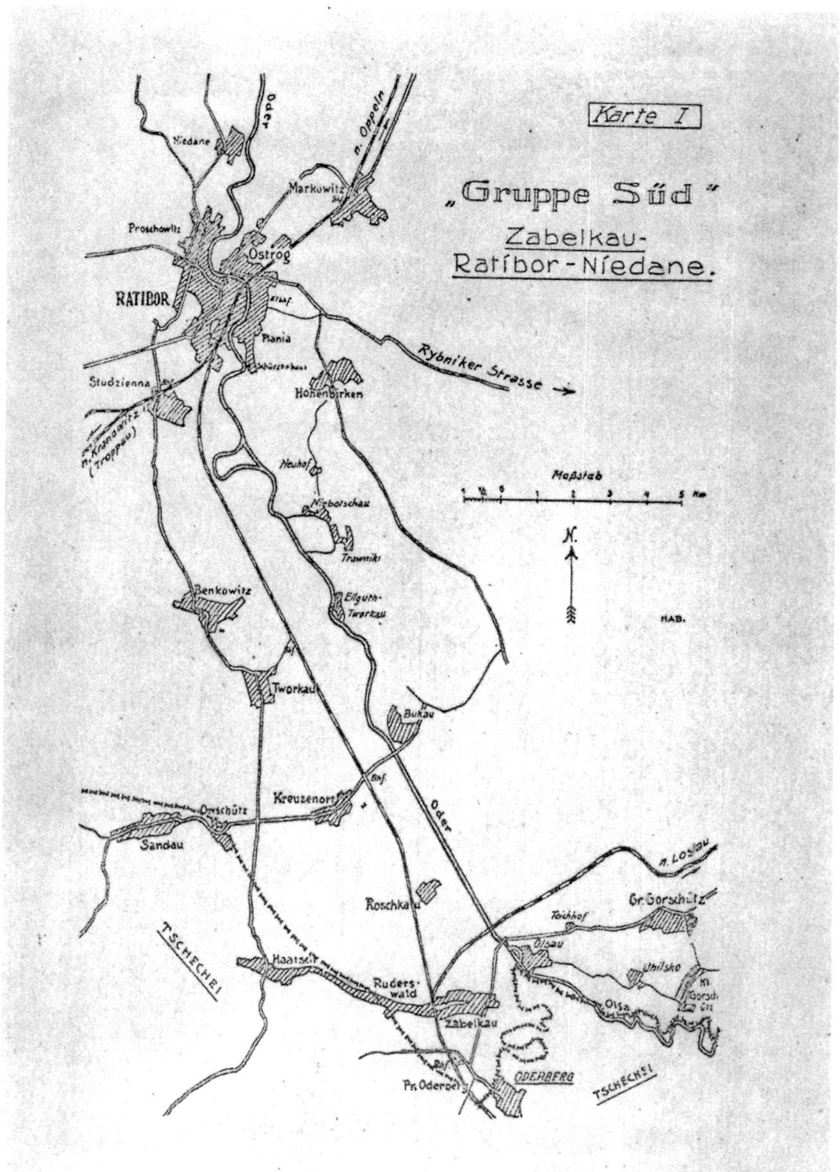
Karte I
„Gruppe Süd"
Zabelkau-
Ratibor-Niedane.
Oder
n. Oppeln
Niedane
Markowitz
Proschowitz
Ostrog
RATIBOR
Plania
Rybniker Strasse
Studzienna
Hohenbirken
n. Kranowitz (Troppau)
Neuhof
Maßstab
Niebotschau
N.
Trawniki
Benkowitz
Elguth-Tworkau
HAB.
Tworkau
Bukau
Kreuzenort
Owschütz
Sandau
Oder
n. Loslau
Roschkau
Gr. Gorschütz
Teichhof
Olsau
TSCHECHEI
Haatsch
Uhilsko
Ruderswald
Olsa
Zabelkau
ODERBERG
Pr. Oderberg
TSCHECHEI

Oberst v. Notz, Führer des AbschnittesRatibor

Selbstschutzverbände in Ratibor

Feldwache des Ratiborer Selbstschutzes

Hauptmann Werner Ehrenfeucht, Führer des Bataillons Werner-Ehrenfeucht

Ratibor, den 11. Juni 1921.

Euer Exzellenz

tragen wir folgendes vor:

Die Nachrichten verdichten sich, daß die polnischen Insurgenten einen Angriff auf Ratibor in den nächsten Tagen beabsichtigen. Das polnische Mitglied bei der Gefangenen-Austauschstelle bei der I.K. Matschewsky hat in Gegenwart des Grafen Frankiny erklärt, daß die Polen am rechten Ufer gegenüber dem Abschnitt Ratibor große Truppenmassen zusammengezogen hätten, daß sie darauf drängen, die Stadt Ratibor in ihre Hand zu bekommen, daß auch Korfanty den Besitz der Stadt Ratibor und des südlichen Teiles des Kreises Ratibor dringend wünsche, und daß die Polen so stark seien, daß sie Ratibor, dessen schwache Besatzung ihnen wohl bekannt ist, durch einen einzigen Angriff nehmen könnten.

Die gleiche Nachricht übermittelte ein Angestellter der Firma Hegenscheid in Ratiborhammer dem Direktor Blau. Aus seiner Nachricht geht weiter hervor, daß auch bei Ratiborhammer starke Kräfte zusammengezogen werden.

Aus Leng wird gemeldet, daß die Insurgenten mit Aushebung sämtlicher wehrhaften Mannschaften in den Dörfern rechts der Oder des Kreises Ratibor vorgehen.

Die vorübergehend verbreitete Nachricht, daß die Polen auf französischen Befehl ihre Linie nach dem Kreise Rybnik zurückverlegen, hat sich als unwahr herausgestellt. Polnische Insurgenten haben dem Grafen Frankiny gestern, den 10. d. M., erklärt, daß sie nicht daran dächten, auch nur einen Schritt zurückzugehen, da sie mindestens die Oderlinie als Grenze verlangten. Von der polnischen Austauschmission ist bei der hiesigen I.K. die offizielle Mitteilung eingegangen, daß für die nächsten Tage jeder Gefangenenaustausch gesperrt würde. Nach dem vorher Gesagten ist das ein Beweis, daß die Polen etwas Bedeutendes gegen Ratibor planen. Die schriftliche Erklärung des polnischen Austauschbüros ist bei der Truppe Süd in Polnisch-Neukirch niedergelegt.

Wir sind der festen Überzeugung, daß die zeitweilige Einstellung der Beschießung Ratibors durch die Insurgenten ein Manöver ist und daß sie den Zweck verfolgt, den Selbstschutz in Sicherheit zu wiegen, um den fest beabsichtigten Angriff auf Ratibor alsdann um so leichter ausführen zu können.

Wir bitten Euer Exzellenz, sofort die erforderlichen Streitkräfte in dem Abschnitt Ratibor bereitzustellen, damit im Fall eines Angriffs Ratibor gesichert ist, und daß der schon so lange auf Ratibor lastende Druck endgültig beseitigt wird.

Für die Deutschnationalen: Wellenkamp, Westram, Reimann.

Für die kathol. Volkspartei: Ulitzka.

Für die demokr. Partei: Dr. Bisner.

Für die sozialdemokr. Partei: Machill.

Für die freien Gewerkschaften: Frank.

Diesen Hilferuf der Ratiborer Parteien wollte Generalleutnant v. Hülsen evtl. zu einem Vorstoß ins Industriegebiet zwischen Ratibor und Kandrzin nutzen

Gelb-weiß-gelbe Armbinde des Bataillons Werner-Ehrenfeucht

Ärmelabzeichen des Bataillons Haßfurther

Major Haßfurther, Führer des sächsischen Bataillons Haßfurther

Verbindungsstudenten im sächsischen Bataillon Haßfurther

Bahntransport des sächsischen Bataillons Haßfurther

Eine Kompagnie des Bataillons Haßfurther beim Vormarsch auf Slawentzitz

Das Bataillon Haßfurther geht auf einer Behelfsbrücke über die Oder

Aufbahrung eines an der Oder gefallenen Freiwilligen des sächsischen Bataillons Haßfurther vor der Überführung in die Heimat

Überführung des gefallenen Leutnant Preuß

Am 21. Juni 1921 ist mir folgende Mitteilung zugestellt worden, welche die französische Militärmission in Berlin als streng vertraulich von einer Pariser amtlichen Stelle, die unbekannt ist, erhalten haben soll:

1. „Die in letzter Zeit eingegangenen Nachrichten zeigen, daß in großem Maßstab von deutscher Seite in Oberschlesien Freiwilligen-Organisationen gebildet werden. Es ist ferner Grund zu der Annahme vorhanden, daß diese Freikorps sowohl zum Kampf gegen Korfanty, wie auch späterhin gegen die augenblickliche deutsche Regierung bestimmt sind. Ein ganzes Netz von Inspektions- und Werbezentralen, nicht nur in den an Schlesien grenzenden Teilen Ostpreußens, sondern auch tief im Inland ist festgestellt worden. Es ist sicher, daß General Hoefer in seinen Handlungen von einer, wahrscheinlich in Berlin befindlichen Zentralstelle abhängig ist. Dem englischen N.-Dienst ist es gelungen, festzustellen, daß zahlreiche Waffentransporte nicht nur für die Truppen des General Hoefer, sondern auch für die in Ostpreußen bestehenden Organisationen, die vermutlich zur Orgesch gehören, in letzter Zeit abgefertigt wurden. Man muß ferner damit rechnen, daß die Reaktionäre bayerischer Kreise versuchen werden, aus Bayern Waffen nach den Grenzgebieten abzuschieben und das Zentrum ihrer Organisation ebenfalls nach den östlichen Teilen Deutschlands zu verlegen. Dies wird ihnen um so leichter gelingen, als die dortige Bevölkerung in ihnen einen Schutz erblicken und sie auf jede Weise unterstützen wird. Während man in Bayern bei der bevorstehenden Entwaffnung der Orgesch auf die Unterstützung demokratischer und sozialistischer Kreise rechnen kann, wäre bestimmt in Schlesien eine geschlossene Opposition seitens der ganzen Bevölkerung zu erwarten, die die Liquidierung der Orgesch in jeder Weise erschweren dürfte. ...

Je mehr der deutsche Selbstschutz in Oberschlesien sich erweitert, um so mehr wird es klar, daß eine starke Organisation besteht, die sämtliche Freikorps unter ihrem Oberbefehl hat. Die letzten Zusammenstöße zwischen Deutschen und Polen beweisen, daß unter dem Befehl des General Hoefer sich eine Armee heranbildet, die in ihrer Organisation einer regulären Armee gleichwertig ist und von Tag zu Tag an Kampfkraft, die bereits heute schon sehr hoch zu bewerten ist, gewinnt. Damit gestalten sich die Aussichten Korfantys auf einen Waffenerfolg immer schlechter; es kann möglicherweise dazu kommen, daß er genötigt wird, das ganze Abstimmungsgebiet zu räumen, wenn noch weitere Kämpfe von den Alliierten zugelassen werden. Es ist für Korfantys Lage ferner sehr mißlich, daß die alliierten Truppen die wichtigsten strategischen Punkte besetzen und damit die Polen um ihr strategisches Übergewicht bringen. Der französische Bevollmächtigte in Oppeln glaubt, in einem weiteren Rückzug der Streitkräfte Korfantys über die Linie hinaus, die ihm das strategische Übergewicht über die Deutschen sichert, eine ernste Gefahr zu sehen, da die Entente selbst zu wenig Truppen hat, um eine völlige Entwaffnung der Deutschen durchführen zu können. Aus denselben Gründen hält auch der englische Vertreter die Schaffung einer neutralen Zone für bedenklich, da u. U. der Zeitpunkt eintreten könnte, in dem die Deutschen über genügende Kräfte verfügen, um die völlige Vernichtung Korfantys auch gegen die Alliierten durchzuführen. Es ist daher mit allen beteiligten Vertretern der Alliierten folgendes vereinbart worden:

1. Korfanty darf weitere Truppen zum Schutze der polnischen Bevölkerung auf dem von ihm besetzten Gebiete aufstellen unter der Bedingung, daß ihre Disziplin gesichert ist und ihre Führer sich dem Befehl Korfantys fügen werden, so daß die Gewähr besteht, daß Vor- und Zurückgehen der polnischen Freischaren den Forderungen der politischen Lage entsprechend jeder Zeit veranlaßt werden kann.
2. Die alliierten Truppen haben die deutschen Freikorps am Besetzen strategisch wichtiger Punkte, an der Schaffung einer durchlaufenden Front und einer einheitlichen Befehlsführung zu hindern.
3. Die französischen Truppen müssen so verstärkt werden, daß sie in der Lage sind, zu einer sofortigen Entwaffnung der Deutschen zu schreiten, falls diese nicht freiwillig erfolgt.

Der Selbstschutz in den Industriestädten. Er konnte sich erst ab Juni 1921 verstärken und hervortreten.

Armbinde der Beuthener Selbstschutzkompagnien

Flüchtlinge und Selbstschutzkämpfer im Kapst'schen Grundstück in Beuthen

Selbstschutzabteilung im Kapst'schen Grundstück Beuthen

Der 17-jährige Freiwillige Walter Grziwotz fiel am 4. Juli 1921 während des Samariterdienstes

Quartier der 5. Selbstschutzkompagnie im Seminarkeller in Beuthen

Stoßtrupp des Hindenburger Selbstschutzes beim Gurten von MG-Munition im Keller eines Hauses

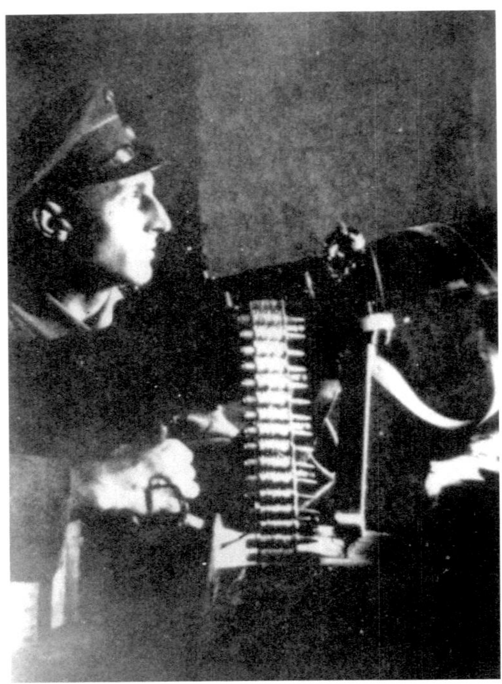

MG-Stellung des Beuthener Selbstschutzes in einem stützpunktartig ausgebauten Keller

Die 1. Selbstschutzkompagnie (ehemals 5. Kompagnie) Pisarski des Selbstschutzes Beuthen an der Rokokohalde August 1921

Gruppe Piskol der Kpmpagnie Wiedera/Pohlmann, Selbstschutz Beuthen

Stoßtrupp Fitzeck von der Ludwigsglücksgrube bei Hindenburg, bestehend aus Angehörigen der ehemaligen Sturmabteilung Heinz mit Fahne der 1. Kompagnie Sturmabteilung Heinz

O.L. Hoefer
I, a Nr. 613.

Streng vertraulich!

I. Sonderbefehl für den Abtransport der zu entlassenden Freiwilligen:

1. Auszug aus der Verfügung vom 22. 6. 1921:

Die Etatsstärken der Gruppen Süd und Nord sind von ihrem jetzigen Stand von rund 21 000 bzw. 10 600 bis zum 30. Juni auf die Zahl 13 000 bei Gruppe Süd, 6000 bei Gruppe Nord zu verringern. Für die demnach noch verbleibenden Formationen muß eine kurzfristige Auflösung und Abtransport vorbereitet sein. Die Zahl der Gesamtstärke der Ortswehren darf im Abschnitt Süd (bisher Gruppe Süd) nicht mehr wie 5000, im Abschnitt Nord (bisher Gruppe Nord) nicht mehr als 3000, die Tageslöhnung des einzelnen nicht mehr wie M. 3.50 betragen.

2. Bei den gemäß Ziffer 1 stattfindenden Entlassungen von rund 12 600 Freiwilligen sind folgende Gesichtspunkte in erster Linie zu beachten:
   a) Die zurückbleibenden Verbände müssen sowohl zu jederzeitigem Einsatz geeignet und bereit gehalten sein, als auch die Gewähr für einen alsbaldigen reibungslosen Abtransport bieten.
   b) Oberschlesier sind zur Stärkung der Ortswehren in erster Linie zu entlassen. Auf jeden Fall ist bei ihrer Entlassung für ihr weiteres Fortkommen (Arbeitsvermittlung) Sorge zu tragen. Arbeitsnachweise sind bei den Truppen sofort einzurichten.
   c) Waffen, Munition und Gerät aller Art, Pferde, Fahrzeuge, Fahrräder pp. sind, soweit sie nicht zur Ergänzung bei den zurückbleibenden Verbänden oder den Ortswehren benötigt werden, zu erfassen. Freiwerdende Pferde und Fahrzeuge, die durch Requisition auf dem Lande erworben sind, sind durch Vermittlung der Kreisleiter im Benehmen mit den Zivilbehörden zum sofortigen Verkauf zu bringen, bzw. zur Einlösung von Requisitionsscheinen zu verwenden.
3. Neueinstellungen dürfen von jetzt ab unter keinen Umständen mehr erfolgen, unberührt hiervon bleibt die Austauschmöglichkeit einzelner Freiwilligen mit Heimatersatz.
4. Das Urlaubsverbot bleibt bestehen. In Ausnahmefällen beurlaubte Freiwillige erhalten keine Gebührnisse.

II. bis V. Diese Befehle regeln eingehend das Verfahren bei den Bahntransporten, die Abgabe von Waffen und Gerät, sowie die sonstige Abwicklung.

VI. Um die Achtung unserer Heimat vor den Freiwilligen des Selbstschutzes, die zweifellos im ganzen deutschen Reich vorhanden ist, nicht zu schmälern und auch nicht Anlaß zu unliebsamen Erörterungen in der Presse zu geben, ist es erforderlich, daß alle zu Entlassenden vor ihrer Abfahrt von den Truppenkommandeuren durch eingehende Aufklärung dazu ermahnt werden, bei ihrer Heimreise keinerlei Anlaß zu Beschwerden zu geben.

O.L. Hoefer
I, a. Nr. 611.

Oberglogau, den 25. 6. 21.

Befehl.

1. Mein Räumungsvorschlag vom 19. 6. ist von der I.K. angenommen worden. Ich habe mich daraufhin schriftlich verpflichtet, den Selbstschutz in die Räume zurückzunehmen, die den Gruppen mit Karte zu I, a Nr. 387 mitgeteilt sind, sobald die Insurgenten in die ebenfalls von mir vorgeschlagene Linie: Lublinitz—Kieleschka—Peiskretscham—Biskubitz (östl. Hindenburg)—Schönwald—Wilcza—Rybnik—Moschczenitz zurückgegangen sind.
2. Laut Mitteilung der I.K. werden die Polen die in der Ziffer 1 genannte Linie am 28. 6. erreicht haben. Den Befehl zum Erreichen unserer beiden Räume werde ich im Laufe des 29. geben, sobald ich von der I.K. die Mitteilung erhalten habe, daß die Polen den ihnen befohlenen Rückzug wirklich ausgeführt haben. Die Gruppen haben ihre Vorbereitungen schon jetzt so zu treffen, daß die Bewegung in die beiden Räume nach Eingang meines diesbezüglichen Befehls bis zum 1. 7. mittags durchgeführt werden kann. Schnelle Befehlsübermittlung innerhalb der Gruppen muß sichergestellt sein.
3. Ich weise ausdrücklich darauf hin, daß, wo ab 30. mittags in von uns zu räumenden Ortschaften ein besonderer Schutz für die Bevölkerung sichergestellt werden muß, die sämtlichen dabei beteiligten Leute aus dem S.S. auszuscheiden und demgemäß ihre S.S.-Abzeichen abzulegen haben.
4. Die I.K. wird sich von der Durchführung der Rückzugsbewegung des S.S. gemäß Ziffer 1 überzeugen. Ich ersuche, dafür Sorge zu tragen, daß jede Belästigung der Ententekommissionen vermieden wird.
5. Der weitere Rückzug der Polen soll sich nach den Weisungen der I.K. in drei Etappen am 2., 3. und 5. 7. vollziehen. Am 3. 7. soll u. a. Beuthen, am 5. 7. das ganze Abstimmungsgebiet von den Insurgenten geräumt sein. An diesem letzteren Tage muß auch der S.S. Oberschlesien verlassen haben. Der 4. 7. ist für Prüfung des polnischen Rückzuges durch drei interalliierte Kommissionen vorgesehen.
6. Der danach bis zum 5. 7. nötig werdende Abbau des S.S. ist so vorzubereiten, daß wesentliche Teile noch am 4. 7. verfügbar sind. Auflösung dieser Teile hat erst zu erfolgen, wenn ich nach Bestätigung des polnischen Rückzuges bis östlich Beuthen im Laufe des 4. 7. den „Befehl zur Auflösung" gebe. Diejenigen Formationen des S.S., die alsdann bis zum 5. 7. 12 Uhr nachts nicht aus dem Abstimmungsgebiet abbefördert werden können, sind bis zu diesem Zeitpunkt ohne Waffen zum Abtransport in das unbesetzte Gebiet zu verlegen. Die Gefechtsverpflegungsstärke dieser noch nach dem 5. 7. zu löhnenden Formationen darf bei Gruppe Süd höchstens: ..., bei Gruppe Nord höchstens: ... betragen. Über ihren weiteren endgültigen Abbau erfolgt noch Befehl.
7. Über Arbeitsversorgung der entlassenen Angehörigen des S.S. folgen besondere Weisungen.
8. Die Gruppen melden ab 27. 6. täglich bis 10 Uhr vormittags durch Fernspruch (an Ordonnanzoffizier I, a) die durchgeführten Truppenverlegungen, sowie die Stärkenveränderungen. Die erste Stärkemeldung ist am 27. 6. früh schriftlich zu erstatten.

Hoefer
Generalleutnant a. D. und Führer des S.S.O.S.

Aufruf an meine oberschlesischen Landsleute und die Kameraden vom S.S.:

Landsleute! Kameraden!

Der Vormarsch der interalliierten Truppen zur Befreiung unserer Heimat hat endlich begonnen. Die I.K. hat sich verpflichtet, in wenigen Tagen Oberschlesien bis zur Landesgrenze von den Insurgenten zu säubern. Sie glaubt, unsere Mithilfe, die ich ihr immer wieder angeboten habe, ablehnen zu müssen. Sie glaubt, daß im Fall unseres Mitwirkens der Insurgent unsere noch unter seiner Fessel schmachtenden Landsleute noch grausamer bedrücken, daß er im Industriegebiet unermeßliche Werte zerstören würde. Sie glaubt, daß wir ihr und Oberschlesien die beste Hilfe leisten, wenn wir uns jetzt zurückhalten. Das Interesse unserer Heimat fordert es, daß wir uns der I.K. fügen. Sie ist nun einmal z. Z. die gesetzmäßige Regierung des Landes. Ihr liegt die Pflicht ob, Ruhe und Ordnung in unserer Heimat wiederherzustellen.

Machen die Insurgenten mit der Räumung Ernst, und stehen die alliierten Truppen erst einmal im Industriegebiet, dann besteht kein Grund mehr für uns, den S.S. weiter in einer langen Frontlinie zu verzetteln, dann werden die beiden Gruppen des S.S. sich in enger Aufstellung versammeln. Schutz von Leben und Eigentum der Bevölkerung in dem Gebiet, das wir verlassen, ist gesichert.

Kameraden!

In diesem Augenblicke, in dem wir unsere bisherige Kampfgliederung aufgeben, drängt es mich, Euch nochmals zu danken, für die selbstlose Vaterlands- und Heimatliebe, die Euch hierher trieb, für die Kampferfolge, die Ihr errungen, für die Besonnenheit, die Ihr bewiesen habt. Ich weiß es, Ihr seid alle beseelt gewesen, von dem heißen Wunsche, vorwärts zu stürmen und selbst den heimatlichen Boden von den Banden zu befreien.

Landsleute!

Glaubt mir, wie bitter schwer es mir als altem Soldaten und Sohn Oberschlesiens gewesen ist, immer zügeln zu müssen, statt im Vertrauen auf die eigene Kraft den Befehl zum Dreinschlagen zu geben. Gewiß, wären wir marschiert, in wenigen Tagen hätten wir einen großen Teil der Heimat von den polnischen Horden befreit. Aber, wären wir gegen den ausdrücklichen Willen der I.K. vorgegangen, hätten wir das Verbleiben Oberschlesiens beim Deutschen Reich gefährdet und weitere unübersehbare Folgen für das ganze deutsche Volk heraufbeschworen.

Auch unsere im Augenblick noch unerlösten Landsleute werden, so hoffe ich, für diese Zurückhaltung Verständnis haben und uns einst dafür danken. Auch wir danken ihnen, daß sie bis zuletzt sich in Treue zu ihrem Deutschtum bekannt haben. Denn auch das gehörte zum Plane des Feindes: wenn der S.S. selbst keinen Anlaß gab, die Stimmung der Welt für die endgültige Entscheidung über das Schicksal Oberschlesiens zu unseren Ungunsten zu beeinflussen, dann sollten unsere Landsleute im Aufstandsgebiet durch Verzweiflung über das Ausbleiben deutscher Hilfe zermürbt, den Polen in die Arme geführt werden.

Gelingt den Interalliierten die Säuberung des Landes, dann ist unsere Aufgabe jetzt erfüllt. Wir werden uns wieder auflösen. Auch dabei werdet Ihr, so erwarte ich, die Selbstzucht bewahren, die Euch bisher ausgezeichnet hat.

Landsleute! Kameraden!

Aus der vaterländischen Begeisterung, die Euch aus allen Berufen und aus allen Gegenden des Reiches zum Schutz des deutschen oberschlesischen Landes in die Reihen des S.S. trieb, aus dem prachtvollen Schwung, mit dem Ihr überall, wo uns der polnische Aufrührer frech herausforderte, diesen aufs Haupt schlugt, aus der Selbstbeherrschung und Mannszucht, die Ihr bewiesen habt, aus der Einmütigkeit, mit der das gesamte Deutschtum hier zusammenstand, können wir die freudige Zuversicht schöpfen für eine bessere Zukunft unserer armen oberschlesischen Heimat und unseres gesamten deutschen Vaterlandes.

Oberglogau, Ende Juni 1921.

Hoefer

Generalleutnant a. D. und Führer des S.S.O.S.

Genesende Selbstschutzkämpfer im Lazarett in Breslau

Verwundete Selbstschutzkämpfer im Lazarett in Breslau

Auflösung des Selbstschutzes und Rückmarsch, Abtransport und Verlegung in das unbesetzte Gebiet. Deutsche vorbereitende Maßnahmen zur Abwehr eines evtl. 4. polnischen Aufstandes

O.L. Hoefer Oberglogau, den 25. 6. 21.
I, a. Nr. 611.

Befehl.

1. Mein Räumungsvorschlag vom 19. 6. ist von der J.K. angenommen worden. Ich habe mich daraufhin schriftlich verpflichtet, den Selbstschutz in die Räume zurückzunehmen, die den Gruppen mit Karte zu I, a Nr. 387 mitgeteilt sind, sobald die Insurgenten in die ebenfalls von mir vorgeschlagene Linie: Lublinitz—Kieleschka—Peiskretscham—Biskubitz (östl. Hindenburg)—Schönwald—Wilcza—Rybnik—Moschczenitz zurückgegangen sind.
2. Laut Mitteilung der J.K. werden die Polen die in der Ziffer 1 genannte Linie am 28. 6. erreicht haben. Den Befehl zum Erreichen unserer beiden Räume werde ich im Laufe des 29. geben, sobald ich von der J.K. die Mitteilung erhalten habe, daß die Polen den ihnen befohlenen Rückzug wirklich ausgeführt haben. Die Gruppen haben ihre Vorbereitungen schon jetzt so zu treffen, daß die Bewegung in die beiden Räume nach Eingang meines diesbezüglichen Befehls bis zum 1. 7. mittags durchgeführt werden kann. Schnelle Befehlsübermittlung innerhalb der Gruppen muß sichergestellt sein.
3. Ich weise ausdrücklich darauf hin, daß, wo ab 30. mittags in von uns zu räumenden Ortschaften ein besonderer Schutz für die Bevölkerung sichergestellt werden muß, die sämtlichen dabei beteiligten Leute aus dem S.S. auszuscheiden und demgemäß ihre S.S.-Abzeichen abzulegen haben.
4. Die J.K. wird sich von der Durchführung der Rückzugsbewegung des S.S. gemäß Ziffer 1 überzeugen. Ich ersuche, dafür Sorge zu tragen, daß jede Belästigung der Ententekommissionen vermieden wird.
5. Der weitere Rückzug der Polen soll sich nach den Weisungen der J.K. in drei Etappen am 2., 3. und 5. 7. vollziehen. Am 3. 7. soll u. a. Beuthen, am 5. 7. das ganze Abstimmungsgebiet von den Insurgenten geräumt sein. An diesem letzteren Tage muß auch der S.S. Oberschlesien verlassen haben. Der 4. 7. ist für Prüfung des polnischen Rückzuges durch drei interalliierte Kommissionen vorgesehen.
6. Der danach bis zum 5. 7. nötig werdende Abbau des S.S. ist so vorzubereiten, daß wesentliche Teile noch am 4. 7. verfügbar sind. Auflösung dieser Teile hat erst zu erfolgen, wenn ich nach Bestätigung des polnischen Rückzuges bis östlich Beuthen im Laufe des 4. 7. den „Befehl zur Auflösung" gebe. Diejenigen Formationen des S.S., die alsdann bis zum 5. 7. 12 Uhr nachts nicht aus dem Abstimmungsgebiet abbefördert werden können, sind bis zu diesem Zeitpunkt ohne Waffen zum Abtransport in das unbesetzte Gebiet zu verlegen. Die Gefechtsverpflegungsstärke dieser noch nach dem 5. 7. zu löhnenden Formationen darf bei Gruppe Süd höchstens: ..., bei Gruppe Nord höchstens: ... betragen. Über ihren weiteren endgültigen Abbau erfolgt noch Befehl.
7. Über Arbeitsversorgung der entlassenen Angehörigen des S.S. folgen besondere Weisungen.
8. Die Gruppen melden ab 27. 6. täglich bis 10 Uhr vormittags durch Fernspruch (an Ordonnanzoffizier I, a) die durchgeführten Truppenverlegungen, sowie die Stärkenveränderungen. Die erste Stärkemeldung ist am 27. 6. früh schriftlich zu erstatten.

Hoefer
Generalleutnant a. D. und Führer des S.S.O.S.

Aufruf an meine oberschlesischen Landsleute und die Kameraden vom S.S.:

Landsleute! Kameraden!

Der Vormarsch der interalliierten Truppen zur Befreiung unserer Heimat hat endlich begonnen. Die J.K. hat sich verpflichtet, in wenigen Tagen Oberschlesien bis zur Landesgrenze von den Insurgenten zu säubern. Sie glaubt, unsere Mithilfe, die ich ihr immer wieder angeboten habe, ablehnen zu müssen. Sie glaubt, daß im Fall unseres Mitwirkens der Insurgent unsere noch unter seiner Fessel schmachtenden Landsleute noch grausamer bedrücken, daß er im Industriegebiet unermeßliche Werte zerstören würde. Sie glaubt, daß wir ihr und Oberschlesien die beste Hilfe leisten, wenn wir uns jetzt zurückhalten. Das Interesse unserer Heimat fordert es, daß wir uns der J.K. fügen. Sie ist nun einmal z. Z. die gesetzmäßige Regierung des Landes. Ihr liegt die Pflicht ob, Ruhe und Ordnung in unserer Heimat wiederherzustellen.

Machen die Insurgenten mit der Räumung Ernst, und stehen die alliierten Truppen erst einmal im Industriegebiet, dann besteht kein Grund mehr für uns, den S.S. weiter in einer langen Frontlinie zu verzetteln, dann werden die beiden Gruppen des S.S. sich in enger Aufstellung versammeln. Schutz von Leben und Eigentum der Bevölkerung in dem Gebiet, das wir verlassen, ist gesichert.

Kameraden!

In diesem Augenblicke, in dem wir unsere bisherige Kampfgliederung aufgeben, drängt es mich, Euch nochmals zu danken, für die selbstlose Vaterlands- und Heimatliebe, die Euch hierher trieb, für die Kampferfolge, die Ihr errungen, für die Besonnenheit, die Ihr bewiesen habt. Ich weiß es, Ihr seid alle beseelt gewesen, von dem heißen Wunsche, vorwärts zu stürmen und selbst den heimatlichen Boden von den Banden zu befreien.

Landsleute!

Glaubt mir, wie bitter schwer es mir als altem Soldaten und Sohn Oberschlesiens gewesen ist, immer zügeln zu müssen, statt im Vertrauen auf die eigene Kraft den Befehl zum Dreinschlagen zu geben. Gewiß, wären wir marschiert, in wenigen Tagen hätten wir einen großen Teil der Heimat von den polnischen Horden befreit. Aber, wären wir gegen den ausdrücklichen Willen der J.K. vorgegangen, hätten wir das Verbleiben Oberschlesiens beim Deutschen Reich gefährdet und weitere unübersehbare Folgen für das ganze deutsche Volk heraufbeschworen.

Auch unsere im Augenblick noch unerlösten Landsleute werden, so hoffe ich, für diese Zurückhaltung Verständnis haben und uns einst dafür danken. Auch wir danken ihnen, daß sie bis zuletzt sich in Treue zu ihrem Deutschtum bekannt haben. Denn auch das gehörte zum Plane des Feindes: wenn der S.S. selbst keinen Anlaß gab, die Stimmung der Welt für die endgültige Entscheidung über das Schicksal Oberschlesiens zu unseren Ungunsten zu beeinflussen, dann sollten unsere Landsleute im Aufstandsgebiet durch Verzweiflung über das Ausbleiben deutscher Hilfe zermürbt, den Polen in die Arme geführt werden.

Gelingt den Interalliierten die Säuberung des Landes, dann ist unsere Aufgabe jetzt erfüllt. Wir werden uns wieder auflösen. Auch dabei werdet Ihr, so erwarte ich, die Selbstzucht bewahren, die Euch bisher ausgezeichnet hat.

Landsleute! Kameraden!

Aus der vaterländischen Begeisterung, die Euch aus allen Berufen und aus allen Gegenden des Reiches zum Schutz des deutschen oberschlesischen Landes in die Reihen des S.S. trieb, aus dem prachtvollen Schwung, mit dem Ihr überall, wo uns der polnische Aufrührer frech herausforderte, diesen aufs Haupt schlugt, aus der Selbstbeherrschung und Mannszucht, die Ihr bewiesen habt, aus der Einmütigkeit, mit der das gesamte Deutschtum hier zusammenstand, können wir die freudige Zuversicht schöpfen für eine bessere Zukunft unserer armen oberschlesischen Heimat und unseres gesamten deutschen Vaterlandes.

Oberglogau, Ende Juni 1921.

Hoefer
Generalleutnant a. D. und Führer des S.S.O.S.

Genesende Selbstschutzkämpfer im Lazarett in Breslau

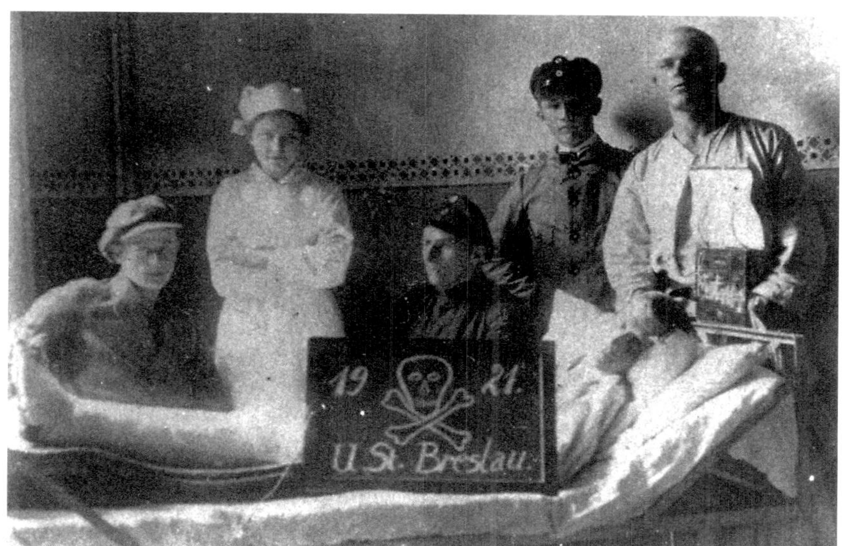

Verwundete Selbstschutzkämpfer im Lazarett in Breslau

Auflösung des Selbstschutzes und Rückmarsch, Abtransport und Verlegung in das unbesetzte Gebiet. Deutsche vorbereitende Maßnahmen zur Abwehr eines evtl. 4. polnischen Aufstandes

Sturmabteilung Heinz, später Selbstschutz-Sturmregiment Heinz (Hauenstein):

Offiziers-Stellenbesetzung des Selbstschutz-Sturmregiments Heinz vom Juli 1921

Regimentsstab: *Kommandeur, Heinz O. Hauenstein; †Chef des Stabes, Major Krause d'Avis; Adjutant, Oberlt. Mayr; Ord.-Offz. I, Lt. Ruckenbrod; *Ord.-Offz. II, Lt. Jürgens; Arzt, Dr. Arends; Zahlmeister, Wilke.

I. Bataillon: †Kommandeur, Lt. Schlageter, †Adj., Lt. Hayn; *Ord.-Offz., Lt. Wilde; †Verpfleg.-Offz., Lt. Zimmermann; Arzt, Ass.-Arzt Proskauer; *Zahlmeister, Feldw. Krause.

1. Kompanie: Komp.-Führer, Lt. Graf Finkenstein; 1. Zugführer, Lt. Berend; *2. Zugführer, Feldw. Lubadel; 3. Zugführer, Oberleutnant Claussen; MG-Führer, Feldw. Wartschecha.

2. Kompanie: Komp.-Führer, Lt. Erfepke; *1. Zugführer, Lt. Töpfer; *2. Zugführer, Lt. Baron; 3. Zug-Führer, Lt. Wiczorek; MG-Zugführer, Offz.-Stellv. Gabel.

3. Kompanie: *Komp.-Führer, Oberlt. Raben; 1. Zugführer, Lt. Deutscher; 2. Zugführer, Lt. Fulst; 3. Zugführer, Lt. Rennert; *MG-Zugführer, Lt. v. Rudorff.

Leichter MW-Zug I: Führer, Lt. v. Allweyer, Max.

II. Bataillon: *Kommandeur, Oberlt. Wandesleben; *Adjutant, Lt. Iżas; *Ord.-Offz., Feldw. Sadowsky; Verpfleg.-Offz., Lt. Krause; Arzt, Ass.-Arzt Freih. v. Steinecker; Zahlmeister, Hilfszahlmeister Berner.

4. Kompanie: *Komp.-Führer, Lt. Jonas; 1. Zugführer; Lt. Wald; 2. Zugführer, Lt. Mayer; 3. Zugführer, Feldw. Bobsin; MG-Zugführer, Uffz. Hanke.

5. Kompanie: *Komp.-Führer, Lt. Berchthold; 1. Zugführer; Lt. Böhm; *2. Zugführer, Vize-Feldw. Wulffen-Fitzek; 3. Zugführer —; MG-Zugführer, Lt. Karsch.

6. Kompanie: Komp.-Führer, Lt. Kaschny; *1. Zugführer, Lt. Becker; 2. Zugführer, Lt. Schimansky; *3. Zugführer, Feldw. Fischer-Werner; MG-Zugführer Zimmermann.

Leichter MW-Zug II: Führer, Lt. Wölflinger.

III. Bataillon: *Kommandeur, Oberlt. Schnepper; Adj., Lt. Kaufmann; Ord.-Offz., Lt. Grüttner; Verpfleg.-Offz., Lt. Schmidt; Arzt, Dr. Lengsfeld; Zahlmeister Hoffmann.

7. Kompanie: *Komp.-Führer, Lt. Bischopink; 1. Zugführer, Feldw. Weiß; 2. Zugführer, Lt. Schröter; 3. Zugführer, Feldw. Redel; MG-Zugführer, Offz.-Stellv. Steinberg.

8. Kompanie: Komp.-Führer, Lt. Penitzka; 1. Zugführer, Lt. Schambeck; 2. Zugführer, Lt. Appel; 3. Zugführer, Lt. Flach; MG-Zugführer, Lt. Hahn.

9. Kompanie: Komp.-Führer, Oberlt. Boer; 1. Zugführer, Lt. Winkler; 2. Zugführer, Lt. Zeumer; 3. Zugführer, Lt. Hilbig; MG-Zugführer, Feldw. Scholz II.

Leichter MW-Zug III: Führer, Lt. Vogt.

Batterie Regt. Heinz: Führer, Lt. Bader; *Lt. Hirsch; *Feldw. Becker-Bühring; Feldw. Werner.

Radfahr-Kompanie Regt. Heinz: *Komp.-Führer, Lt. Hesse; 1. Zugführer, Feldw. Klinke; 2. Zugführer, Feldw. Tepel; MG-Zugführer, Feldw. Malinowsky.

Die für den Fall eines 4. polnischen Aufstandes vorgesehene Bildung eines Sturmregiments Heinz

Geschütze des Selbstschutzes werden nach der Auflösung in einem Stausee versenkt (1921)

Die Radfahrerkompagnie des Bataillons Bergerhoff nach dem Rückmarsch im Kreis Neisse